Windows 10
セミナーテキスト
【第3版】

May 2020 Update 対応

日経BP

ローマ字入力対応表

ローマ字入力で入力する際の、各文字に対するローマ字の組み合わせは次の表を参照してください。

ローマ字／かな対応表

	A	I	U	E	O		A	I	U	E	O
あ行	あ A	い I	う U	え E	お O	**や行 Y**	や YA	い YI	ゆ YU	いぇ YE	よ YO
	ぁ LA	ぃ LI	ぅ LU	ぇ LE	ぉ LO		ゃ LYA	ぃ LYI	ゅ LYU	ぇ LYE	ょ LYO
か行 K	か KA	き KI	く KU	け KE	こ KO	**ら行 R**	ら RA	り RI	る RU	れ RE	ろ RO
	きゃ KYA	きぃ KYI	きゅ KYU	きぇ KYE	きょ KYO		りゃ RYA	りぃ RYI	りゅ RYU	りぇ RYE	りょ RYO
さ行 S	さ SA	し SI / SHI	す SU	せ SE	そ SO	**わ行 W**	わ WA	うぃ WI	う WU	うぇ WE	を WO
	しゃ SYA / SHA	しぃ SYI	しゅ SYU / SHU	しぇ SYE / SHE	しょ SYO / SHO	**ん N**	ん NN	ん N			
た行 T	た TA	ち TI / CHI	つ TU / TSU	て TE	と TO	**が行 G**	が GA	ぎ GI	ぐ GU	げ GE	ご GO
			っ LTU				ぎゃ GYA	ぎぃ GYI	ぎゅ GYU	ぎぇ GYE	ぎょ GYO
	ちゃ TYA / CYA / CHA	ちぃ TYI / CYI	ちゅ TYU / CYU / CHU	ちぇ TYE / CYE / CHE	ちょ TYO / CYO / CHO	**ざ行 Z**	ざ ZA	じ ZI / JI	ず ZU	ぜ ZE	ぞ ZO
	てゃ THA	てぃ THI	てゅ THU	てぇ THE	てょ THO		じゃ ZYA / JA	じぃ ZYI	じゅ ZYU / JU	じぇ ZYE / JE	じょ ZYO / JO
な行 N	な NA	に NI	ぬ NU	ね NE	の NO	**だ行 D**	だ DA	ぢ DI	づ DU	で DE	ど DO
	にゃ NYA	にぃ NYI	にゅ NYU	にぇ NYE	にょ NYO		ぢゃ DYA	ぢぃ DYI	ぢゅ DYU	ぢぇ DYE	ぢょ DYO
は行 H	は HA	ひ HI	ふ HU / FU	へ HE	ほ HO		でゃ DHA	でぃ DHI	でゅ DHU	でぇ DHE	でょ DHO
	ひゃ HYA	ひぃ HYI	ひゅ HYU	ひぇ HYE	ひょ HYO	**ば行 B**	ば BA	び BI	ぶ BU	べ BE	ぼ BO
	ふぁ FA	ふぃ FI		ふぇ FE	ふぉ FO		びゃ BYA	びぃ BYI	びゅ BYU	びぇ BYE	びょ BYO
ま行 M	ま MA	み MI	む MU	め ME	も MO	**ぱ行 P**	ぱ PA	ぴ PI	ぷ PU	ぺ PE	ぽ PO
	みゃ MYA	みぃ MYI	みゅ MYU	みぇ MYE	みょ MYO	**行**	ぴゃ PYA	ぴぃ PYI	ぴゅ PYU	ぴぇ PYE	ぴょ PYO
						ヴぁ行 V	ヴぁ VA	ヴぃ VI	ヴ VU	ヴぇ VE	ヴぉ VO

はじめに

本書は、次の方を対象にしています。

■Windows 10を初めて使用される方。

Windows 10の起動と終了、文字の入力、ファイルやフォルダーの管理などの基本操作、アプリケーションの使い方、インターネットや周辺機器を利用するための操作を、実習を行いながら学習します。本書に沿って学習すると、Windows 10の基本的な操作ができるようになります。

製品名の記載について

本書では、以下の略称を使用しています（その他の製品の場合も、以下の規則に準じて表記しています）。

■Windows 10 ……………………………………… WindowsまたはWindows 10
■Microsoft IME ……………………………………… IME

本書の実習環境

本書で実習するときのセットアップ環境は、下記を前提としています。ご使用の環境と異なる場合、講師の指示に従って学習を進めてください。

■Windows 10 をクリーンインストールした状態（インストール時の「OneDrive を使用してファイルをバックアップ」画面で「このPC のみにファイルを保存する」を選択しています）。
■ユーザー名とパスワード、PIN が設定された状態（本書では、ローカルアカウントではなくMicrosoft アカウントを使用しています）。
■画面の解像度を1280×768ピクセルに設定した状態。
■プリンターをセットアップした状態。
■Microsoft Edgeからインターネットに接続できるようセットアップした状態。

本書は、マウスとキーボードを用いて従来型のデスクトップ環境で制作を行いました。タッチ操作対応のコンピューターをご使用になる場合は、本書の記述を一部読み替えて操作を行ってください（例：「クリックする」→「タップする」）。

※ご使用のコンピューターやプリンター、セットアップなどの状態によって、画面の表示が本書と異なる場合があります。Windows 7やWindows 8.1からWindows 10にアップグレードした状態では、一部の操作が本書と異なる場合があります。
※本書に掲載されているWebサイト、アプリケーション（アプリ）、その呼称等に関する情報は、本書の編集時点で確認済みのものです。本書の発行後（2020年9月以降）、内容の変更や、Webサイトのアドレスの移動、閉鎖などが行われる場合があります。あらかじめご了承ください。

表記について

○画面に表示される文字

リボン、メニュー、コマンド、ボタン、ダイアログボックスなどで画面に表示される文字は、角かっこ（[ ]）で囲んで表記しています。アクセスキー、コロン（:）、省略記号（...）、チェックマークなどの記号は表記していません。

○キー表記

本書のキー表記は、どの機種にも対応する一般的なキー表記（ジェネリック キー表記）を採用しています。なお、2つのキーの間にプラス記号（＋）がある場合は、それらのキーを同時に押すことを示しています。

○マーク

操作手順や知っておいていただきたい事項などには、次のようなマークが付いています。

マーク	名称	内容
操作👉	操作	操作の解説
💡 ヒント	ヒント	知っておくと便利な情報の解説
⭐ 参考	参考	補足的な情報の解説
📖 用語	用語	用語の解説

「講習の手引き」について

本書を使ってセミナーを実施される講師の方向けに、セミナーを行うための情報をまとめた「講習の手引き」をダウンロードすることができます。復習問題と総合問題の解答も含まれています。

①以下のサイトにアクセスします。

　https://bookplus.nikkei.com/atcl/catalog/20/P60670/

②「講習の手引きのダウンロード」をクリックします。

③表示されたページにあるダウンロードのリンクをクリックします。ファイルのダウンロードには日経IDおよび日経BOOKプラスへの登録が必要になります（いずれも登録は無料）。

目次

第1章 Windows 10の基本操作 1

第2章 アプリの基本操作 37

第3章 ファイルの管理　77

第4章 Windows 10の設定の変更　123

第5章　インターネットの利用　　　　　　　　　159

第1章

Windows 10の基本操作

Windows 10とはこんなソフト

コンピューターを動かすための基本ソフトをオペレーティングシステム(OS)といいます。
Windows 10は、2015年に提供が開始されたマイクロソフトのオペレーティングシステムです。

ハードウェアとソフトウェア

「ハードウェア」とは、コンピューター本体、ディスプレイ、キーボードなどの機械のことです。コンピューターはハードウェアだけでは使用することができません。ハードウェアに作業の手順や内容を伝えるプログラムが必要です。このプログラムのことを「ソフトウェア(ソフト)」といいます。ソフトウェアは、ハードディスクにインストールして使用します。

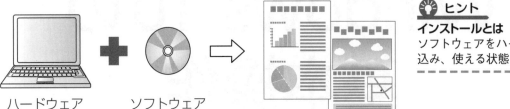

ハードウェア　　　ソフトウェア

💡 ヒント
インストールとは
ソフトウェアをハードディスクに組み込み、使える状態にすることです。

ソフトウェア(ソフト)には、「オペレーティングシステム(OS)」と「アプリケーションソフト」の2種類があります。

■ **オペレーティングシステム**
オペレーティングシステム(OS)は、ハードウェアとアプリケーションソフトの間で調整役となる基本ソフトです。アプリケーションソフトの要求でデータを保存したり、キーボードなどから入力した情報をアプリケーションソフトに伝えます。オペレーティングシステムがなければコンピューターを動かすことはできません。

■ **アプリケーションソフト**
アプリケーションソフトは、オペレーティングシステムの上でさまざまな作業を行う応用ソフトです。「プログラム」または「アプリケーション」、「アプリ」と呼ばれることもあります。文書を作成するときはワープロソフト、計算するときは表計算ソフト、絵を描くときはグラフィックソフトというように、目的に応じてアプリケーションソフトを切り替えて、実際の作業を行います。

Windows 10の特長

■ ［スタート］メニューが復活

Windows 8および8.1で起動時に全画面に表示されていた「スタート画面」がなくなり、Window 7まで搭載されていた［スタート］メニューが復活しました。［スタート］メニューは、アプリを起動したりWindowsを終了したりするための［スタート］メニューと、Windows 8および8.1のスタート画面のタイル状のアプリが統合された形になっています。

［スタート］メニュー

■ 検索機能付きタスクバー

タスクバーに［ここに入力して検索］ボックスがあり、クリックすると、よく使うアプリやWebサイト、最近使用したファイルの一覧などが表示されます。
また、［ここに入力して検索］ボックスにキーワードを入力すると、コンピューター内のファイルやアプリ、Webを同時に検索できます。

よく使うアプリやWebサイト、
最近使用したファイルの一覧

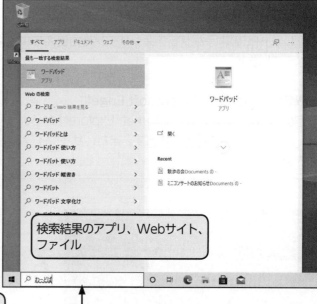

検索結果のアプリ、Webサイト、
ファイル

［ここに入力して検索］ボックス

■ タスクビューと仮想デスクトップ機能でアプリの切り替えが簡単に

タスクビューで現在起動しているアプリなどのウィンドウを一覧表示して作業対象を切り替えたり、新機能の仮想デスクトップ機能で、新しいデスクトップ画面を作成し、目的のアプリだけを表示して作業したりすることが可能です。また、タスクビューにすると、現在開いているウィンドウの一覧の下に、過去に作業したアプリやファイル、表示したWebサイトの履歴などが時系列で表示され、クリックして開くことができます。

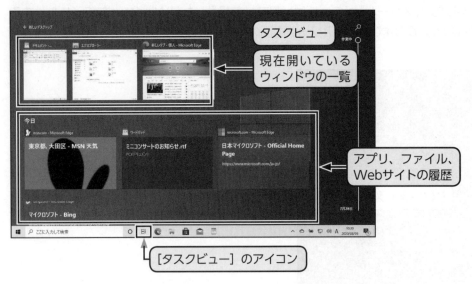

■ クラウドと連携

Microsoftアカウントという無料のアカウントを取得することにより、マイクロソフトが提供するOutlook.comというWebメールや、OneDriveというWeb上のデータ保管サービスなどが利用できるようになります。

用語 クラウド

データをインターネット上に保存するしくみやサービスのことを「クラウド」といいます。

■ タッチ操作が可能

タブレットPCのようなタッチスクリーンでも使えるように、マウスの代わりに画面を指でタッチして操作できる設計になっています。

■ 既定のブラウザーがMicrosoft Edgeに

既定のWebブラウザーが「Internet Explorer」から、「Microsoft Edge」に変わりました。よく見るWebページ、文字、画像をまとめて登録できます。また、サインイン、個人情報、セキュリティ、外観などを「設定」画面で一元管理できます。

マウスやタッチパッドの使い方

マウスを使ってコンピューターに命令を与える際の基本操作を確認しましょう。ノートパソコンの場合は、搭載されている「タッチパッド」などを使っても、マウスと同様の操作ができます。

■マウス

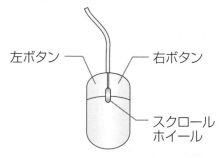

左ボタン

右ボタン

スクロール
ホイール

💡 ヒント
マウスの持ち方
ケーブルの付いた部分を上にして、左ボタンと右ボタンに指を軽く載せ、手のひらで全体を包み込むようにして持ちます。

■タッチパッド

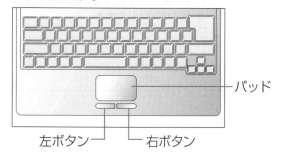

パッド

左ボタン

右ボタン

💡 ヒント
タッチパッドの使い方
左ボタンの上に左の親指を、右ボタンの上に右の親指を載せます。パッド上では、右の人差し指を軽くこするように動かします。

■マウスポインター

画面上で移動するマークです。このマークを、マウスやタッチパッドを使って目的の場所に動かして、コンピューターに命令を与えます。操作に応じて、矢印、手、ペンなどの形に変わります。

■ポイント

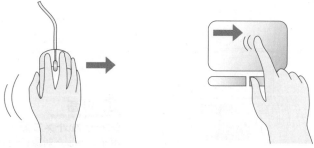

マウスポインターを動かして、文字やボタン、境界線などの対象に合わせます。マウスやタッチパッドのボタンは押さない操作です。

■ クリック

マウスやタッチパッドの左ボタンをカチッと1回押します。画面上に表示されたボタンを押したり、メニューを選択するときなどに使用します。

■ ダブルクリック

ヒント
タッチパッドの場合
パッド部分をすばやく2回押してもダブルクリックできます。

マウスやタッチパッドの左ボタンをカチカチッとすばやく2回続けて押します。ファイルを開いたり、プログラムを実行するときなどに使用します。

■ ドラッグ

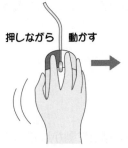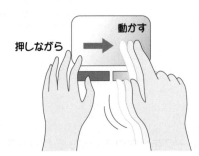

マウスの左ボタンを押したままマウスを動かします。タッチパッドの場合は、左ボタンを押したまま、パッド上で指を動かします。マウスポインターを目的の場所に移動できたら、ボタンから指を離します。ウィンドウやファイルを移動するときや、文字列を選択するときなどに使用します。

■ 右クリック

用語
ショートカットメニュー
ポイントした対象に対して行える操作の一覧です。

マウスやタッチパッドの右ボタンをカチッと1回押します。ショートカットメニューを表示するときに使用します。

■ スクロール

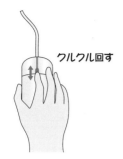

クルクル回す

🔵 **用 語**

スクロール
ウィンドウ内の表示しきれない部分を見るために、表示範囲を上下左右に移動することです。

💡 **ヒント**

スクロールホイールの使い方
スクロールホイールは、回すだけでなく、押して利用することができるアプリもあります。

マウスのボタンとボタンの間にスクロールホイールが付いている場合には、ホイールを回すことによって画面を上下（アプリによっては左右）にスクロールできます。ホイールを下方向へ回せば下、上方向に回せば上に画面が移動します。

💡 **ヒント** **スクロール機能付きタッチパッド**
タッチパッドによっては、パッドの右端部分などにスクロール機能が搭載されているものがあります。その部分で指を上下に動かすとスクロールできます。

💡 **ヒント** **マウス操作のヒント**
マウスは、ケーブルの付いた部分をペン先とイメージすると動かしやすくなります。操作中に、マウスがマウスパッドやテーブルの端に来てしまったら、持ち上げて使いやすい所へ移動します。持ち上げている間はマウスポインターも動きません。マウスを下ろして操作を開始すれば、そこからマウスポインターも動き出します。
クリックやダブルクリックしても反応しないときは、手首を机に固定して、ボタンを押す瞬間にマウスを動かさないようにします。

💡 **ヒント** **マウスの種類**
マウスには、読み取り方式の違いにより、光学式、レーザー方式、LED方式などの種類があります。パソコンへの接続方式は、USBケーブルでつなぐ有線と電波などで通信するワイヤレス（無線）があります。大きさや形状もさまざまです。実際に手に取って選ぶのがよいでしょう。

💡 **ヒント** **タッチパッド操作のヒント**
パッドの端で指を動かす場所がなくなってしまったときは、パッドからいったん指を離し、動かしたい方向と反対の端に指を置きます。再度動かしたい方向に指を移動すれば、マウスポインターが動きます。

タッチ操作の方法

タッチ操作に対応しているタブレットPCやタッチスクリーンモニター搭載のコンピューターでは画面に触れることで作業できます。

■タップ

項目を1回タッチします。画面に表示されたボタンを押したり、メニューを選択するときなどに使います。マウスのクリックと同様です。

■長押し

指を押しつけて数秒間そのままにします。項目の詳細情報を表示したり、ショートカットメニューを表示するときに使います。マウスの右クリックと同様です。

■ピンチ/ズーム

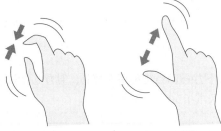

2本以上の指で画面または項目をタッチし、指を近づけるか（ピンチ）、遠ざけます（ズーム）。表示を拡大/縮小するときに使います。

■ スライド

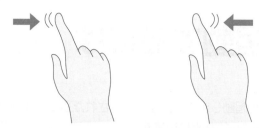

画面上で指をすべらせます。画面の表示位置を移動するときに使います。マウスのスクロールと同様です。

■ スワイプ

ページがスクロールしない方向にすばやく、動かします。ロック画面からサインイン画面に切り替えたり、写真など
の項目を選択するときなどに使用します。

■ 回転

2本以上の指を回転させます。項目を回転させるときに使用します。なお、回転できる項目は限定されています。

Windows 10を起動するには

コンピューターの電源を入れてWindows 10を起動します。画面が表示されたらユーザー名を確認し、パスワードを入力します。この操作を「サインイン」といいます。

コンピューターを使うには、Windows 10に「サインイン」します。サインインは以下の順で行います。

1　コンピューターの電源ボタンを押す

2　ロック画面（最初の画面）の任意の場所をクリックする

3　ユーザーアカウントを選択する

4　PINまたはユーザーアカウントのパスワードを入力する

サインインすることで、コンピューターを使うユーザーを特定し、自分に認められた範囲でコンピューターやネットワークを利用できるようになります。

■ ユーザーアカウント
コンピューターを利用するユーザーごとに、名前とパスワードを登録します。これを「ユーザーアカウント」といい、パスワードを設定することで第三者に勝手に利用されるのを防ぎます。

💡 ヒント　ユーザーアカウントとパスワードの設定
ユーザーアカウントとパスワード、PINの設定方法は、第4章の「ユーザーアカウントを追加するには」で学習します。

操作👉 Windows 10を起動する

電源を入れてWindows 10を起動しましょう。ユーザー名やパスワードなど、本書と画面が異なる場合は、講師の指示に従ってください。

❶コンピューター本体とディスプレイの電源を入れます。

❷ロック画面が表示されます。

❸任意の場所をクリックします。

💡 ヒント
タッチ操作の場合
画面の下部から画面の中央あたりまで上方向にスワイプします。

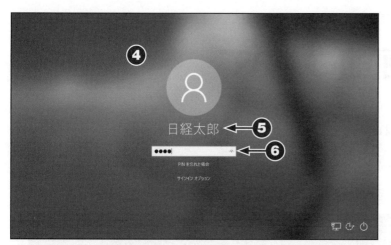

❹サインイン画面が表示されます。

💡 ヒント
ユーザーの選択画面が表示された場合
同じコンピューターに複数のユーザーアカウントが
登録されている場合、左下にユーザーの一覧が表示
されます。使用するユーザーをクリックします。

❺ユーザー名を確認します。

❻[PIN] ボックスにPINを入力します。

💡 ヒント **PIN（暗証番号）**
Windowsインストール時や、インストール後に、PINを設定した場合は、この番号を入力してサインインします。
PINは4桁以上の数値で、現在使用しているコンピューターでのみ有効な番号です。入力した番号は他の人に見られ
てもわからないように●で表示されます。

💡 ヒント **PINを設定していない場合**
手順❻でユーザーアカウントのパスワードを入力し、矢印ボタンをクリックするか**Enter**キーを押します。

💡 ヒント **タッチキーボードでの入力**
タッチ操作に対応しているコンピューターの場合、入力時に「タッチキーボード」というキーボードの画面が表示され
ることがあり、キーをタップして入力できます。
※なお、本書ではハードウェアのキーボードの使い方を基本に説明します。

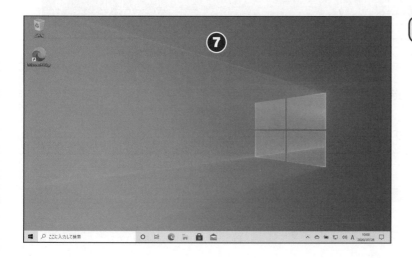

❼Windows 10が起動します。

デスクトップ画面について

Windows10を起動した後に表示される画面を「デスクトップ」といいます。

デスクトップ画面を操作するうえで基本となる各部の名称と役割について確認します。

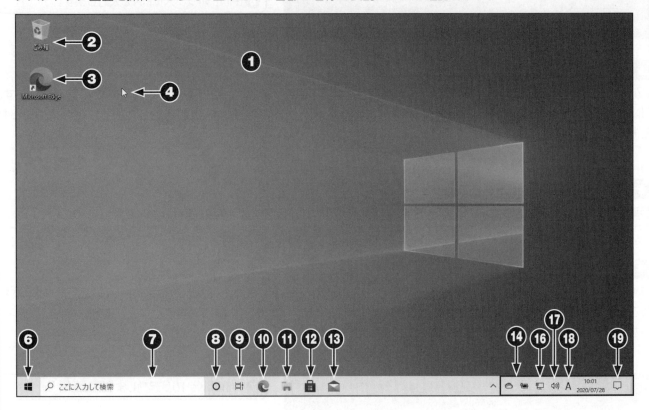

❶デスクトップ
この画面を机に見立ててすべての操作を行います。

❷ごみ箱
不要になったファイルなどを捨てる場所です。削除したファイル
は一時的にここに保存されます。

❸Microsoft Edge
ダブルクリックすると、Webブラウザー（閲覧用アプリ）が起動します。

❹マウスポインター
マウスの動きに合わせて動きます。用途によって形が変わります。

❺タスクバー
実行しているアプリや表示中のウィンドウに対応するアイコンが表示されます。このアイコンをポイントする
と内容がサムネイル（縮小表示）で確認できます。また、よく使うアプリやフォルダーを常に表示させておき、
そのアイコンをクリックするだけで起動させることも可能です。

❻ [スタート]ボタン
クリックすると、[スタート]メニューが表示されます。

🔵 用語

アイコン
アプリやファイルなどを表す小さな絵の
マークを「アイコン」といいます。

❼ [ここに入力して検索] ボックス

キーワードを入力して、コンピューター内のファイルやアプリ、Webを同時に検索できます。

❽ ○ Cortanaに話しかける

音声認識型のアシスタント機能です。クリックして話すことで、ファイルやアプリ、Webの検索や起動、スケジュール管理などができます。使用にはマイク機能が必要です。

❾ タスクビュー

クリックすると、現在起動しているアプリや開いているフォルダーのウィンドウの一覧と過去に作業したアプリやファイル、表示したWebサイトの履歴などが表示されます。

❿ Microsoft Edge

クリックすると、Webブラウザー (閲覧用アプリ) が起動します。❸と同じです。

⓫ エクスプローラー

クリックすると、ファイルやフォルダーを管理するためのツール「エクスプローラー」が起動し、[クイックアクセス] ウィンドウが開きます。

⓬ Microsoft Store

クリックすると、有料または無料のWindowsストアアプリを入手できます。

💡 ヒント

Microsoft Storeの利用

インターネット接続とMicrosoftアカウントが必要です。

📖 用語

常駐プログラム

すでに起動されていて、常時利用可能な状態にあるプログラムのことを指します。Windows 10と同時に起動するものもあります。

⓭ Mail

クリックすると、メールアプリが起動します。

⓮ 通知領域

日付と時刻や常駐プログラムなどの他に、作業状態を表すさまざまなアイコンが表示されます。

⓯ OneDrive

Web上のデータ管理サービス「OneDrive」にファイルが同期されているかを確認したり、OneDriveを開いたりすることができます。

⓰ または インターネットアクセス

インターネットに接続していることを確認できます。

⓱ スピーカー

音量を調整できます。

⓲ A Microsoft IME

日本語入力システムの設定を確認できます。入力モードの切り替えや、変換などの設定変更もここから行えます。

⓳ アクションセンター

クリックするとアクションセンターが開き、セキュリティやアプリの通知の確認や、Windowsのさまざまな設定ができます。未確認の通知があるときは、 のようにアイコンに件数が表示されます。

[スタート]メニューについて

[スタート]をクリックすると、[スタート]メニューが表示されます。アプリの起動、ファイルやフォルダーの表示、コンピューターの設定変更など、さまざまな操作をここから行うことができます。

[スタート]メニューを操作するうえで基本となる各部の名称と役割について確認します。

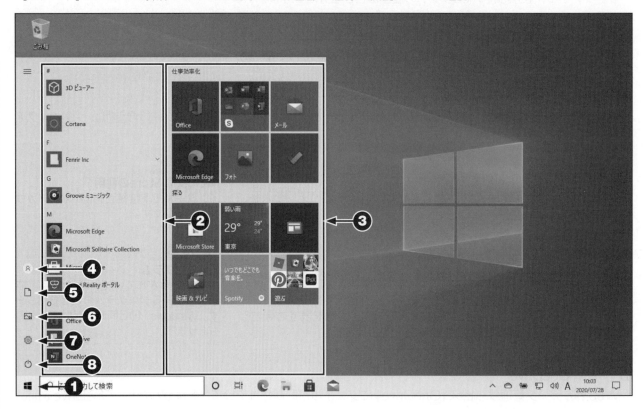

❶ [スタート]ボタン

クリックすると、[スタート]メニューが表示されます。[スタート]
メニューが表示されている状態でクリックすると、[スタート]メ
ニューが閉じます。

❷ アプリ

コンピューター内のアプリの一覧が、アルファベット、五十音順で表示されます。

❸ タイル

アプリを起動したり、メールやMicrosoft Storeなどのマイクロソ
フトが提供するサービスのWebページを開くことができます。タ
イルは目的に応じて、追加や削除ができます。

❹ アカウント

ポイントするとサインインしているユーザー名が表示されます。
クリックすると、サインアウトやユーザーの切り替え、アカウント
設定の変更などができます。

💡 ヒント

**キー操作で[スタート]メニューの表示／
非表示を切り替えるには**
Windowsキーを使用します。

💡 ヒント

タイルの種類
タイルには文字または画像だけで構成さ
れた「ベーシックタイル」と、Webと連
動して最新の情報が表示される「ライブ
タイル」の2種類があります。

❺ドキュメント

　クリックすると、[ドキュメント] ウィンドウが表示されます。

❻ピクチャ

　クリックすると、[ピクチャ] ウィンドウが表示されます。

❼設定

　クリックすると、[Windowsの設定] 画面が表示され、コンピューターの設定変更ができます。

❽電源

　クリックすると、[スリープ]、[シャットダウン]、[再起動] などを選択して、コンピューターの電源に関する
　操作を行うことができます。

★ 参考　　タイルを全画面で表示する

デスクトップ右下の通知領域の [アクションセンター] をクリックし、[タブレットモード] をクリックすると、タブレッ
トモードに切り替わり、[スタート] メニューのタイルが全画面で表示され、タッチ操作がしやすくなります。

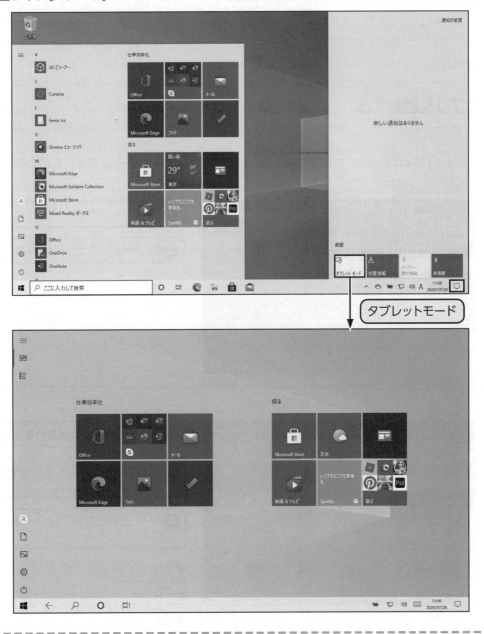

アプリを起動するには

Windows 10では、さまざまなアプリケーション（アプリ）が利用できます。[スタート] メニューにはコンピューター内のすべてアプリの一覧がアルファベット、五十音順に分類されて表示されます。目的のアプリをクリックすると起動し、デスクトップ画面に「ウィンドウ」と呼ばれる四角い画面が表示されます。

アプリの起動/終了

コンピューター内にはたくさんのアプリがあるので、画面の大きさによっては一部しか見えない場合があります。画面を移動して別の部分を表示することを「スクロール」といいます。画面をスクロールするときには「スクロールバー」を使用します。スクロールバーを操作しながら目的のアプリを起動する方法を学習しましょう。また、アプリは終了しなくても同時に複数起動して使用できますが、終了の操作も覚えておきましょう。

操作👉 アプリを起動する

「Windowsアクセサリ」はWindows 10に付属しているアプリやシステムツールです。この中のワープロ用アプリ「ワードパッド」を起動しましょう。

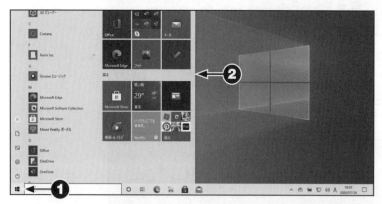

❶[スタート] ボタンをクリックします。

❷[スタート] メニューが表示されます。

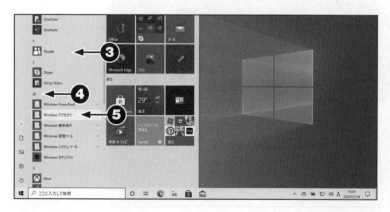

❸アプリの一覧が表示されます。

❹スクロールバーの ∨ をクリックして、「W」を表示します。

❺「W」で始まるアプリの一覧から [Windows アクセサリ] をクリックします。

💡 ヒント
スクロール
マウスのスクロールホイールを回してもスクロールできます。

スクロールバー

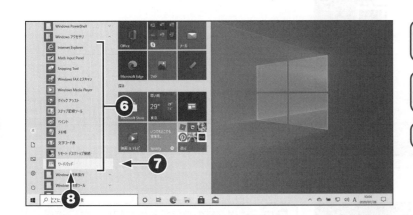

❻[Windowsアクセサリ]が展開され、含まれているアプリの一覧が表示されます。

❼スクロールバーを使って、「ワードパッド」を表示します。

❽[ワードパッド]をクリックします。

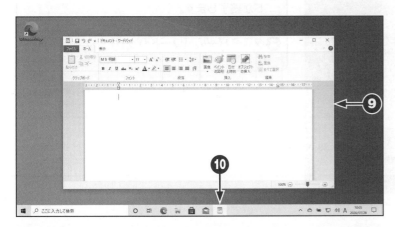

❾ワードパッドが起動し、ウィンドウが表示されます。

ヒント

アプリ名の確認
ウィンドウ上部(タイトルバー)の右側にアプリ名が表示されます。

❿タスクバーに[ワードパッド]のアイコンが表示されます。

ヒント　アプリ名で検索して起動するには

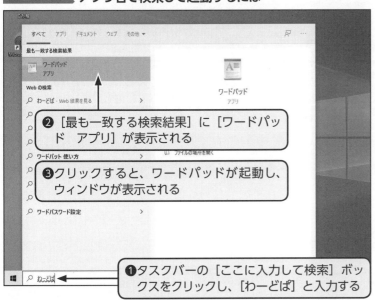

❷[最も一致する検索結果]に[ワードパッド　アプリ]が表示される

❸クリックすると、ワードパッドが起動し、ウィンドウが表示される

❶タスクバーの[ここに入力して検索]ボックスをクリックし、[わーどぱ]と入力する

タスクバーの[ここに入力して検索]ボックスにアプリ名の一部を入力すると、アプリやコンピューター内のファイル、設定、Webが同時に検索され、検索結果が表示されます。アプリの場合、アプリ名の下に「アプリ」と表示されます。クリックすると、アプリが起動し、ウィンドウが表示されます。

なお、アプリだけを検索したい場合は、検索結果の[アプリ]タブをクリックします。一致するアプリの一覧が表示されます。

操作 👉 アプリを終了する

アプリを終了するときは、ウィンドウの右上の閉じるボタンをクリックします。ワードパッドを終了しましょう。

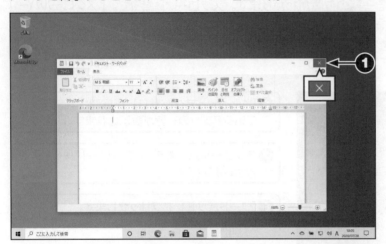

❶ワードパッドのウィンドウの右上の閉じるボタンをクリックします。

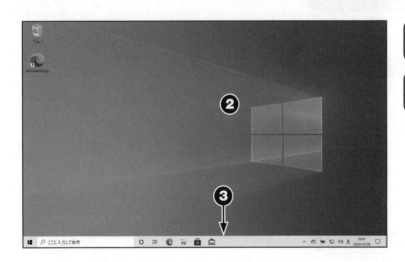

❷ワードパッドのウィンドウが閉じ、ワードパッドが終了します。

❸タスクバーの［ワードパッド］のアイコンも消えます。

≫ 次の演習のために、再びワードパッドを起動しておきましょう。

ウィンドウの各部の名称と役割について

アプリを起動したときにデスクトップ画面に表示されるウィンドウの構造は共通です。用語は本書で繰り返し使用されます。わからなくなった場合は、この節に戻り、確認しましょう。

ウィンドウの各部の名称と役割について確認します。ここでは、ワードパッドを例に説明します。

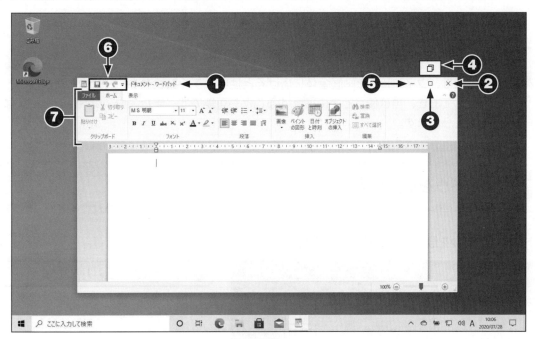

❶ タイトルバー

アプリ名やファイル名、ウィンドウ名などが表示されます。

❷ ☓ 閉じるボタン

クリックすると、ウィンドウが閉じてアプリが終了します。

❸ ▢ 最大化ボタン

クリックすると、ウィンドウが画面全体に表示されます。ウィンドウが画面全体に表示されている場合、このボタンは元に戻す（縮小）ボタンに変わります。

❹ ▣ 元に戻す（縮小）ボタン

クリックすると、ウィンドウが元のサイズと位置（最大化する前の状態）に戻ります。ウィンドウが元のサイズに戻ると、このボタンは最大化ボタンに変わります。

❺ — 最小化ボタン

クリックすると、タスクバーのアイコンだけを残し、ウィンドウがデスクトップから一時的に非表示になります。タスクバーのアイコンをクリックすると再びウィンドウが表示されます。

❻ クイックアクセスツールバー

アプリやプログラムの操作で頻繁に利用するボタンが配置されています。

❼ リボン

操作に必要なコマンド（命令）のボタンが配置されています。関連するコマンドごとにタブにまとめられており、タブをクリックするとリボンの表示が切り替わります。

ウィンドウを操作するには

ウィンドウのサイズや位置は、マウス操作で簡単に変更できます。作業内容に応じて、使いやすい大きさに変えたり、場所を移動したりしましょう。また、複数のウィンドウが開いている場合は、作業するウィンドウを切り替えたり、仮想デスクトップに表示したりして使います。ここでは、ウィンドウの基本的な操作方法を覚えましょう。

ウィンドウのサイズの変更

アプリを使うときは、ウィンドウを画面全体に広げると使いやすくなります。一時的に使わないときはウィンドウを非表示にしておき、再び使うときに復元することも可能です。また、ウィンドウのサイズは、ドラッグ操作で自由に変えられます。

操作 👉 ウィンドウを最大化する

ワードパッドのウィンドウを最大化して画面全体に表示します。

❶最大化ボタンをクリックします。

②ウィンドウが画面全体に表示されます。

③最大化ボタンが元に戻す（縮小）ボタンに変わります。

操作👉 **ウィンドウのサイズを元に戻す**

....

ウィンドウのサイズを最大化する前の大きさに戻します。

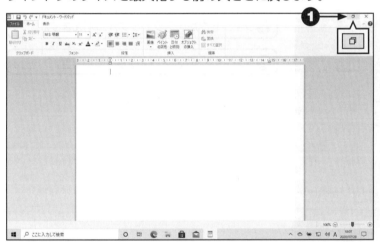

①元に戻す（縮小）ボタンをクリックします。

②ウィンドウが元のサイズに戻ります。

③元に戻す（縮小）ボタンが最大化ボタンに戻ります。

💡 **ヒント**

タイトルバーを使ってウィンドウサイズを変更する
タイトルバーをダブルクリックするとウィンドウは最大化します。もう一度タイトルバーをダブルクリックすると元のサイズに戻すことができます。

操作 👉 ウィンドウを最小化する

ウィンドウを最小化し、デスクトップに表示されない状態にします。

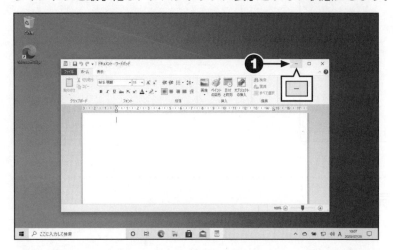

❶最小化ボタンをクリックします。

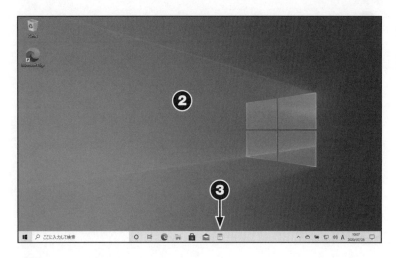

❷ウィンドウがデスクトップから消えます。

❸タスクバーのアイコンは残っています。

💡 ヒント 「閉じる」と「最小化」の違い

ウィンドウを閉じると、アプリやプログラムは終了します。再び操作するには、アプリやプログラムをもう一度起動しなければなりません。ウィンドウを最小化した場合、アプリやプログラムは終了しません。必要なときにタスクバーのアイコンをクリックすれば再表示できます。

操作 ☞ タスクバーのアイコンからウィンドウを復元する

タスクバーのアイコンからウィンドウを復元し、再び使えるようにします。

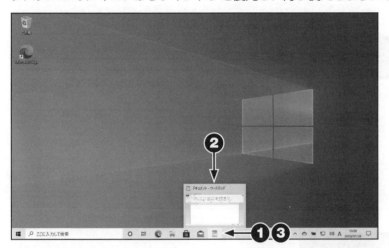

❶ タスクバーの［ドキュメント-ワードパッド］をポイントします。

❷ ウィンドウのサムネイル（縮小版）がプレビュー表示されます。

❸ タスクバーの［ドキュメント-ワードパッド］をクリックします。

❹ ウィンドウが最小化される前のサイズで、デスクトップに表示されます。

💡 ヒント

タスクバーのアイコンでのサイズ変更
タスクバーのアイコンをクリックすると、最小化と復元の操作を切り替えられます。

- -

ウィンドウの境界線をドラッグするとサイズを自由に変更することができます。ウィンドウのサイズを任意の大きさに変更してみましょう。

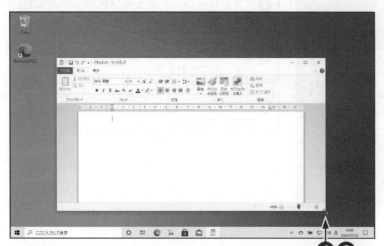

❶ウィンドウの右下角の境界線をポイントします。

❷マウスポインターの形が⤡になっていることを確認してドラッグします。

💡 **ヒント**

タッチ操作の場合
ウィンドウの境界線をスライドします。スライドはマウスのドラッグと同様の操作です。

❸マウスのボタンから指を離したところで大きさが確定します。

💡 **ヒント** **マウスポインターの形と操作**

マウスポインターの形や行える操作は、ポイントする場所によって下記のように変わります。

マウスポインターの形	表示される場所	操作
⟋	ボタン上やタイトルバー	ボタンの選択やウィンドウの移動
⟷	ウィンドウの左右の境界線上	ウィンドウの幅の変更
↕	ウィンドウの上下の境界線上	ウィンドウの高さの変更
⤡	ウィンドウの四隅	ウィンドウの縦横の拡大/縮小

ウィンドウの移動

ウィンドウは、デスクトップの好きな場所へ移動できます。複数のウィンドウが表示されている場合など、各ウィンドウを見やすい位置に移動させて作業をしやすくします。移動はドラッグ操作で行います。また、「スナップ」機能を使い、複数のウィンドウを左右や四隅に配置して、内容を比較することができます。

操作 👉 ウィンドウを移動する

ワードパッドのウィンドウを移動しましょう。

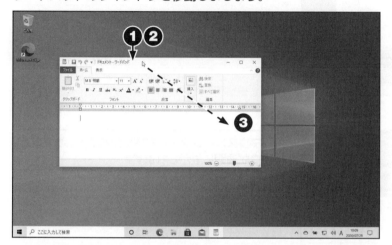

❶ タイトルバーをポイントします。

❷ マウスポインターの形が ▷ になっていることを確認します。

❸ 目的の位置までドラッグします。

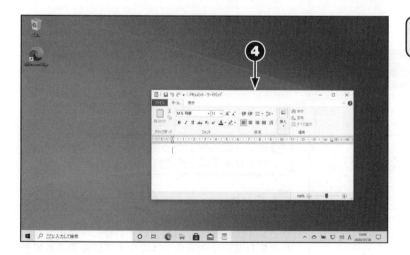

❹ マウスのボタンから指を離した位置にウィンドウが移動します。

操作 👉 ウィンドウを画面の半分のサイズにする（スナップ機能）

スナップ機能を使って、ワードパッドのウィンドウを画面の右半分のサイズと場所へ移動しましょう。

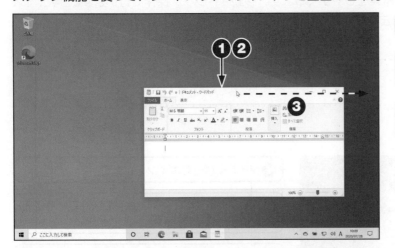

❶ タイトルバーをポイントします。

❷ マウスポインターの形が ⌖ になっていることを確認します。

❸ 画面の一番右端までドラッグします（マウスポインターが隠れます）。

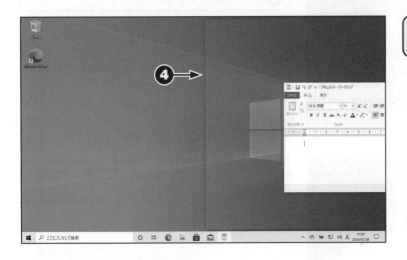

❹ マウスポインターが右端に隠れると、ウィンドウが透明に表示されます。

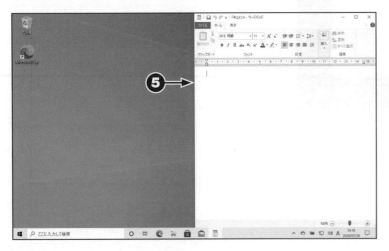

❺ マウスのボタンから指を離すと、画面の右半分のサイズに変更されて表示されます。

💡 ヒント

ウィンドウを画面の1/4のサイズにする
ウィンドウを画面の四隅のいずれかにドラッグすると、その場所に画面の1/4のサイズに変更されて表示されます。

ウィンドウの切り替え

Windows 10では、デスクトップに複数のウィンドウを同時に開いて操作することができます。現在操作しているウィンドウを「アクティブウィンドウ」といいます。アクティブウィンドウは、重なったウィンドウの最前面に表示され、タスクバーのアイコンの色も変わります。ここでは、目的のアプリやフォルダーのウィンドウに効率よく切り替える方法を確認します。

操作 👉 タスクバーのアイコンでウィンドウを切り替える

Microsoft Edgeとエクスプローラーを起動してウィンドウを表示し、タスクバーのアイコンを使って、ワードパッドのウィンドウをアクティブウィンドウに切り替えてみましょう。

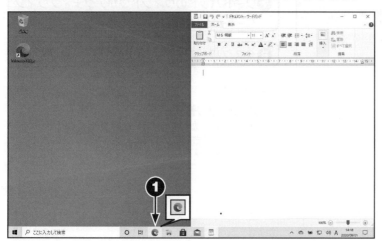

❶ワードパッドを開いた状態で、タスクバーの[Microsoft Edge]をクリックします。

💡 ヒント
Microsoft Edgeの起動
デスクトップの[Microsoft Edge]アイコンをダブルクリックしても、Microsoft Edgeを起動できます。

❷Microsoft Edgeが起動し、ワードパッドのウィンドウの前面に表示されます。

❸同様にタスクバーの[エクスプローラー]をクリックして起動します。

④ タスクバーのワードパッドのアイコンをポイントします。

⑤ ワードパッドのウィンドウのサムネイルがプレビュー表示されます。

⑥ 内容を確認し、ワードパッドのアイコンをクリックします。

⑦ ワードパッドのウィンドウがアクティブウィンドウになり、前面に表示されます。

⑧ タスクバーのアイコンの色が明るくなります。

💡 **ヒント**

ウィンドウの切り替え
アクティブにしたいウィンドウの見えている部分をクリックしても、前面に表示されます。

💡 **ヒント** **キー操作でのウィンドウの切り替え**

Altキーを押しながら**Tab**キーを押すと、現在開いているウィンドウのサムネイル（縮小表示）が一覧表示されます。**Alt**キーを押しながら**Tab**キーを押して、アクティブウィンドウを示す白枠を移動し、**Alt**キーから指を離すと、そのウィンドウが最前面に表示されます。

Altキー＋**Tab**キーでアクティブウィンドウを切り替える

タスクバーの [タスクビュー] をクリックすると、現在開いているすべてのウィンドウのサムネイル (縮小表示) が表示されます。ここから選択して、アクティブウィンドウを切り替えることが可能です。タスクビューを使って、Microsoft Edgeのウィンドウをアクティブウィンドウに切り替えてみましょう。

❶タスクバーの [タスクビュー] をクリックします。

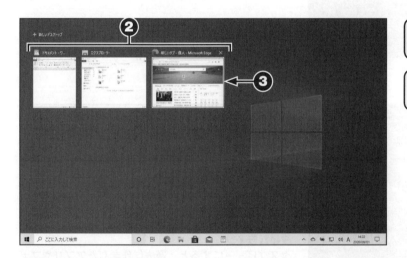

❷現在開いているすべてのウィンドウのサムネイルが表示されます。

❸Microsoft Edgeのウィンドウのサムネイルをクリックします。

❹Microsoft Edgeのウィンドウがアクティブウィンドウになり、最前面に表示されます。

仮想デスクトップの使用

Windows 10では「仮想デスクトップ」機能が新たに追加されました。これはコンピューター上に仮想的なデスクトップ画面を作成する機能で、アプリごとにデスクトップを分けて作業することが可能になります。

- -

操作👉 新しい仮想デスクトップを作成する

- -

新しい仮想デスクトップを作成しましょう。

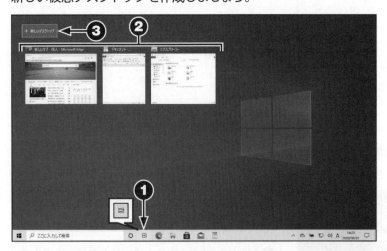

❶タスクバーの［タスクビュー］をクリックします。

❷現在開いてるすべてのウィンドウのサムネイルが表示されます。

❸［新しいデスクトップ］ボタンをクリックします。

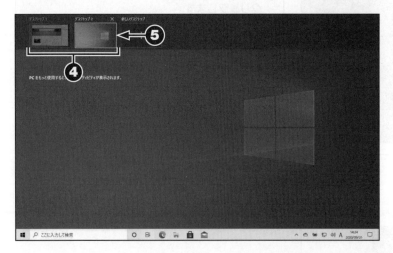

❹デスクトップのサムネイルの一覧が表示され、［デスクトップ1］と［デスクトップ2］が表示されます。

❺［デスクトップ2］をクリックします。

💡 ヒント

タイムライン

タスクビューにすると、過去に作業したアプリやファイル、表示したWebサイトの履歴がある場合は、現在開いているウィンドウのサムネイルの下に、時系列で表示されます。

- -

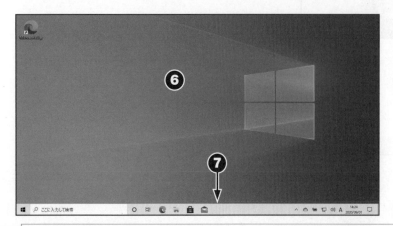

❻ウィンドウが開いていない状態の新しい仮想デスクトップが表示されます。

❼タスクバーに、開いているウィンドウがあることを示すアイコンがないことを確認します。

操作 👉 仮想デスクトップを終了する

仮想デスクトップ [デスクトップ 2] を終了しましょう。

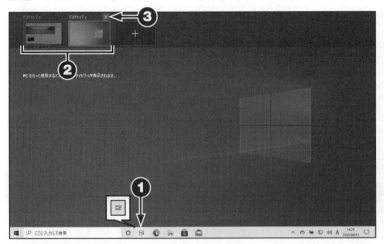

❶ タスクバーの [タスクビュー] をクリックします。

❷ 現在開いているデスクトップのサムネイルの一覧が表示されます。

❸ [デスクトップ2] のウィンドウのサムネイルをポイントし、表示される閉じるボタンをクリックします。

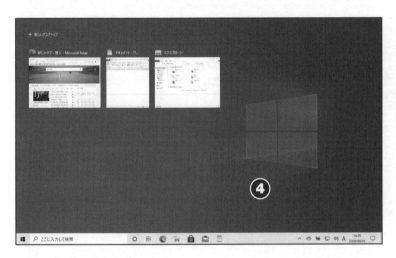

❹ [デスクトップ2] がなくなり、元のデスクトップ（[デスクトップ1]）がタスクビューで表示されます。

💡 ヒント
仮想デスクトップにウィンドウが開いていた場合
仮想デスクトップを終了すると、開いていたウィンドウは残っているデスクトップに表示されます。

- -

💡 ヒント　デスクトップ間でウィンドウを移動するには

デスクトップ間でウィンドウを移動することも可能です。移動したいウィンドウがあるデスクトップをタスクビューで表示し、ウィンドウのサムネイルを移動先のデスクトップのサムネイルにドラッグします。

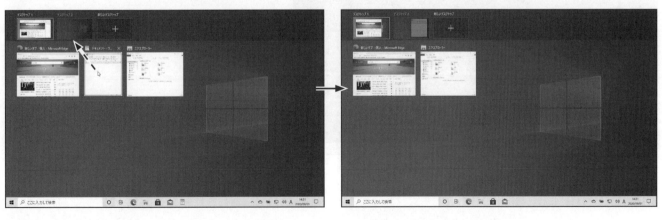

移動先のデスクトップをアクティブにすると移動したウィンドウが表示されます。

タスクビューで、現在開いているすべてのウィンドウを閉じましょう。

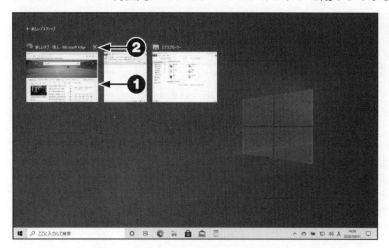

❶Microsoft Edgeのウィンドウのサムネイルを
ポイントします。

❷閉じるボタンが表示されるので、クリックし
ます。

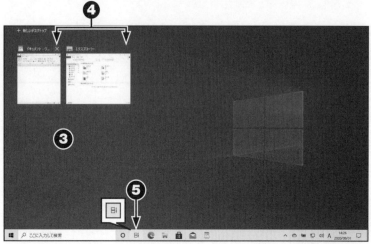

❸Microsoft Edgeのウィンドウが閉じます。

❹同様にワードパッドとエクスプローラーのウィ
ンドウも閉じます。

❺タスクバーの［タスクビュー］ボタンをクリッ
クします。

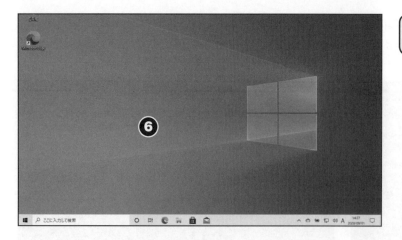

❻タスクビューが終了し、元のデスクトップ表
示になります。

Windows 10 を終了するには

コンピューターでの作業が終わったら、必ずWindows 10の終了操作を行います。この操作を行うと、必要なデータが保存され、コンピューターのセキュリティが確保されます。

Windows 10を終了するには、「スリープ」、「シャットダウン」の2つの方法があります。終了時の状況や作業再開時に何をしたいかを考えて選びましょう。

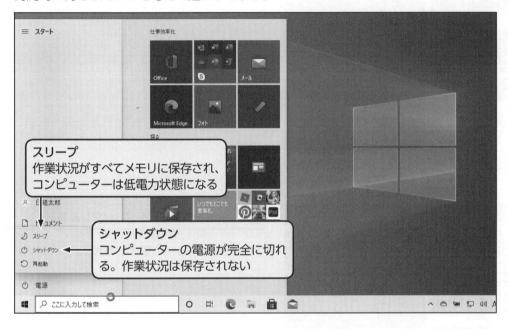

スリープ
作業状況がすべてメモリに保存され、コンピューターは低電力状態になる

シャットダウン
コンピューターの電源が完全に切れる。作業状況は保存されない

■ 終了時の状況と操作

終了方法	終了時の状況	終了時の操作	終了にかかる時間
スリープ	コンピューターをしばらく使わないとき	アプリやファイルは開いたままでよい	短い
シャットダウン	ハードウェアを追加・変更したときや長時間使わないとき	アプリやファイルを閉じる	長い

■ 作業再開の方法と表示される画面

終了方法	作業再開方法	作業再開時に表示される画面	起動にかかる時間
スリープ	マウスのボタンを押すか、コンピューター本体の電源ボタンを押す	終了時の開いていたアプリやファイルのウィンドウが再現される	短い
シャットダウン	コンピューター本体の電源ボタンを押し、サインインする	ウィンドウはすべて閉じた状態	長い

⭐ **参考** **ロック**

コンピューターの前から少し離れるときは、「ロック」という方法もあります。[スタート] メニューのユーザーアカウントをクリックし、一覧から [ロック] を選びます。ロック画面が表示され、作業状態を他の人に見られたり、コンピューターが使用されるのを防ぐことができます。ロック画面をクリックするとユーザー名が表示されるので、PINまたはパスワードを入力してサインインします。ロック前に開いていたアプリやフォルダーのウィンドウが再現されます。

シャットダウンしてコンピューターの電源を完全に切ります。シャットダウンする前に、開いているアプリやファイルがあれば閉じ、必要なファイルは保存しておきます。

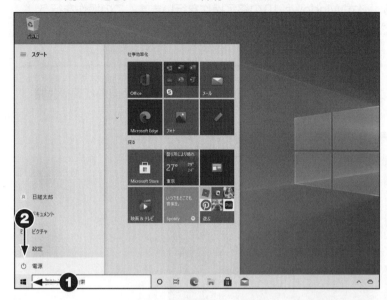

① [スタート] ボタンをクリックします。

② [電源] をクリックします。

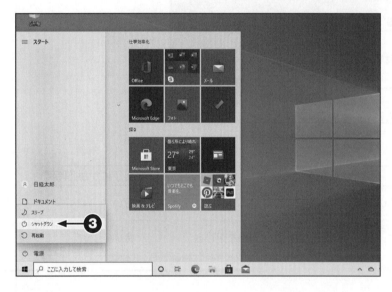

③ [シャットダウン] をクリックします。

≫ コンピューターの電源が切れます。

💡 **ヒント スリープ状態でWindows10を終了するには**

 [電源] をクリックし、[スリープ] をクリックすると、スリープ状態で終了し画面が消えます。再開するときは、マウスのボタンを押すか、コンピューターの電源ボタンを押します。ロック画面が表示されます。クリックするとユーザー名が表示されるので、PINまたはパスワードを入力してサインインします。スタートメニューが表示された状態で、スリープ前に開いていたアプリやウィンドウが再現されます。

🛜 この章の確認

☐ ハードウェアとソフトウェアについて理解できていますか？

☐ オペレーティングシステムとアプリケーションソフトの違いがわかりますか？

☐ Windows 10を起動できますか？

☐ デスクトップ画面の各部の名称と役割がわかりますか？

☐ [スタート]メニューを表示できますか？

☐ [スタート]メニューの各部の名称と役割がわかりますか？

☐ アプリを起動できますか？

☐ ウィンドウの各部の名称と役割がわかりますか？

☐ ウィンドウのサイズを変更したり、移動できますか？

☐ 複数のウィンドウが開いているときに、操作するウィンドウを切り替えられますか？

☐ 新しい仮想デスクトップを作成できますか？

☐ Windows 10を終了できますか？

アプリを起動し、ウィンドウを操作しましょう。

1. Windows 10を起動しましょう。

2. ［スタート］メニューを表示しましょう。

3. 「Windowsアクセサリ」のペイントを起動しましょう。

4. ペイントのウィンドウを最大化しましょう。

5. ペイントのウィンドウを元のサイズに戻しましょう。

6. ペイントのウィンドウを最小化しましょう。

7. ペイントのウィンドウを復元しましょう。

8. 「Windowsアクセサリ」のメモ帳を起動しましょう。

9. メモ帳のウィンドウをデスクトップの左上に移動しましょう。

10. タスクバーのアイコンからMicrosoft Edgeを起動しましょう。

11. Microsoft Edgeのウィンドウを最大化しましょう。

12. Microsoft Edgeのウィンドウを元のサイズに戻しましょう。

13. スナップ機能を使用して、Microsoft Edgeのウィンドウを画面の半分のサイズに変更し、デスクトップの右側に配置しましょう（ペイントとメモ帳とのウィンドウのサイズと配置は変更されます）。

14. タスクビューを表示しましょう。

15. メモ帳のウィンドウを最前面に表示しましょう。

16. 新しい仮想デスクトップを作成しましょう。

17. 作成した仮想デスクトップで、「Windowsアクセサリ」のワードパッドを起動しましょう。

18. ワードパッドのウィンドウを閉じましょう。

19. 作成した仮想デスクトップを終了しましょう。

20. 現在開いているすべてのウィンドウを閉じましょう。

21. Windows 10をシャットダウンしましょう。

※次の演習のために、Windows 10を起動しておきましょう。

第2章

アプリの基本操作

- 文字を入力するには
- ワードパッドで文書を作成するには
- ペイントで絵を描くには

文字を入力するには

コンピューターの操作では、ワープロソフトや電子メールなどでの文章の入力をはじめ、作成した
ファイルに名前を付けたり、インターネットでキーワードを検索したりなど、文字の入力は必須です。
ここでは、キーボードの使い方、文字の入力や変換の方法を学習します。
※本書では、ハードウェアのキーボードを使った入力方法を説明します。

文字の入力

文字や記号を入力するには、通常はキーボードを使用します。

キーボードのキーには、文字を入力する「文字キー」と、**Shift**（シフト）キーなどのように他のキーと組み合わせ
て文字を入力したり、文字の削除や改行、カーソルの移動などを行うためのキーがあります。

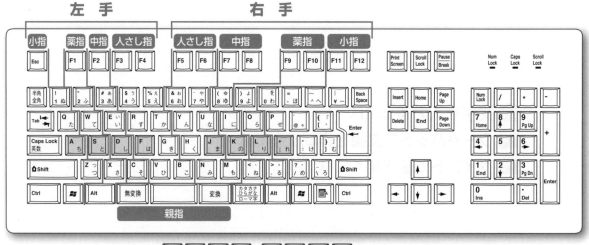

キーボードに指を置く基本の位置を「ホームポジション」といいます。左手の人差し指を◻(F)キーに、右手の
人差し指を◻(J)キーに置きます。この2つのキーは、色や突起が付いていたりくぼんでいるなどキーの位置
が探しやすくなっています。
ホームポジションに指を置き、上の図を参考に各キーを決まった指で押します。入力後は再びホームポジショ
ンに指を戻します。この方法で正確にすばやく文字の入力ができます。

★ 参考　タッチタイピング

キーボードを見ないで入力することを「タッチタイピング」または「タッチメソッド」といいます。タッチタイピングを
習得するには、市販のキーボード練習用ソフトを利用するとよいでしょう。

キーには、アルファベットや数字、記号、ひらがなの最多で4つの文字が表記されています。それぞれの文字の打ち分けは次のようになります。

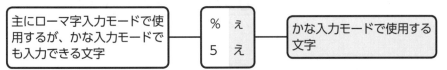

主にローマ字入力モードで使用するが、かな入力モードでも入力できる文字

かな入力モードで使用する文字

	ローマ字入力モード	かな入力モード
 % え 5 え	そのまま押す	**Caps Lock**キーを押した後、そのまま押す 入力後は、**カタカナ/ひらがな/ローマ字**キーを押して元に戻す
 % え 5 え	**Shift**キーを押しながら押す	**Caps Lock**キーを押した後、**Shift**キーを押しながら押す 入力後は、**カタカナ/ひらがな/ローマ字**キーを押して元に戻す
 % え 5 え		そのまま押す
 % え 5 え		**Shift**キーを押しながら押す

💡 **ヒント** **Windows 10の入力モード**

初期状態では、「ローマ字入力モード」になっています。「ローマ字入力モード」から「かな入力モード」への切り替えは、P.44を参照してください。

操作☞ **ワードパッドを起動する**

··

入力の練習をするために、Windows 10付属のワープロソフト「ワードパッド」を起動しましょう。ワードパッドの画面は最大化し、文字が見やすいように表示倍率を200%にします。

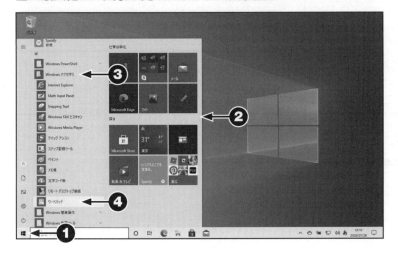

❶[スタート] ボタンをクリックします。

❷[スタート] メニューが表示されます。

❸スクロールして「W」で始まるアプリの一覧から [Windowsアクセサリ] をクリックします。

❹スクロールして [ワードパッド] をクリックします。

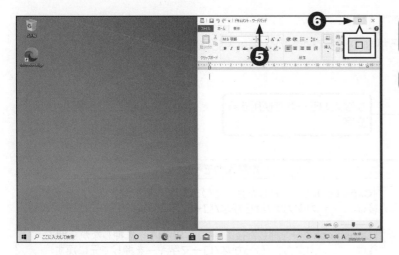

⑤ ワードパッドが起動し、ウィンドウが表示されます。

⑥ 最大化ボタンをクリックします。

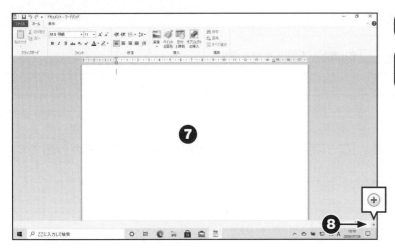

⑦ ワードパッドのウィンドウが最大化されます。

⑧ 画面右下の［拡大］ボタンを10回クリックします。

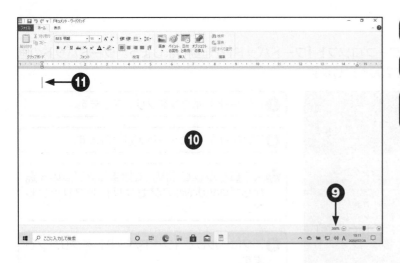

⑨ 画面の表示倍率が200％になります。

⑩ 文書ウィンドウ内（白い部分）をクリックします。

⑪ カーソルが大きく表示されていることを確認します。

「5%」と入力しましょう。

❶ 🎹 (5) のキーを押します。

❷「5」と入力されます。

❸ Shiftキーを押しながら、🎹 (5) のキーを押します。

❹「%」と入力されます。

❺ Enterキーを押します。

❻ 次の行の先頭にカーソルが移動します。

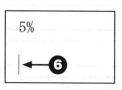 ヒント　改行するには

改行するには**Enter**キーを押します。改行を行うと新しい行が作成され、カーソルが次の行に表示されます。改行はカーソルの位置から行われるため、文の途中にカーソルがある状態で**Enter**キーを押すと、文が2行に分かれてしまいます。そのようになってしまった場合は、**BackSpace**キーを押すと元に戻ります。

文字の削除

入力した文字を削除するには、**BackSpace**キーや**Delete**キーまたは**Del**キーを使います。それぞれのキーの使い分け方を理解しましょう。

12345

BackSpaceキー
カーソルの左側の文字を削除する

Deleteキーまたは**Del**キー
カーソルの右側の文字を削除する

操作 👉 文字を削除する

「12345」と入力し、削除の練習をしましょう。

❶ 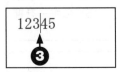 (1、2、3、4、5) のキーを順に押します。

❷「12345」と入力されます。

❸ ← 左方向キーを2回押して、カーソルを「3」と「4」の間に移動します。

❹ BackSpaceキーを押します。

❺「3」が削除されます。

❻ DeleteキーまたはDelキーを押します。

❼「4」が削除されます。

≫ 同様に、BackSpaceキーとDeleteキーまたはDelキーを使って、残りの文字「1」「2」「5」および改行を削除し、「%」の後にカーソルを表示します。

文字の挿入

文字を挿入するには、あらかじめ挿入したい位置にカーソルを移動してから入力をします。
ワードパッドの初期設定は「挿入モード」になっているので、文字を入力するとカーソルの位置に文字が挿入され、元の文字は右に移動します。

操作 👉 文字を挿入する

「5%」の「5」と「%」の間に「0」(ゼロ)を挿入し、「50%」に変更しましょう。

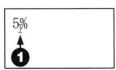

❶ マウスポインターの形がⅠで、「5」と「%」の間をクリックします。

💡 ヒント

キーボードでカーソルを移動するには
方向キーを使用してもカーソルを移動できます。

❷ カーソルが「5」と「%」の間に表示されます。

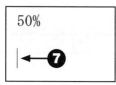

❸ 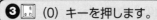 (0) キーを押します。

❹ 「0」と入力され、「%」が右にずれます。

💡 ヒント

「%」が消えてしまった場合は
「0」を入力して、「%」が消えてしまった場合は、「上書きモード」になっています。**Insert**キーまたは**Ins**キーを押すと「挿入モード」に戻ります。

- -

❺ ➡右方向キーを押して、行末にカーソルを移動します。

❻ Enterキーを押します。

❼ 改行し、2行目にカーソルが移動します。

日本語入力システム

ひらがな、カタカナ、漢字などの日本語を入力するには「日本語入力システム」というソフトウェアを使用します。Windows 10に付属している日本語入力システムは、「Microsoft IME」です。この設定はタスクバーのボタンで行います。

■Microsoft IMEのボタン

・日本語入力モードがオンの状態　　　　・日本語入力モードがオフの状態

ひらがな、カタカナ、漢字などを入力するには、日本語入力モードをオンにします。ワードパッドの起動時は日本語入力モードはオフです。日本語入力のオン/オフの切り替えは次の2つの方法があります。

・方法1　タスクバーの入力モードのボタン A または あ をクリックする。
・方法2　キーボードの 半角/全角 キーを押す。

入力モードがオン あ のときは、ひらがなモードです。入力した文字がひらがなで表示されます。タスクバーの入力モードのボタン あ を右クリックして一覧を表示すると、全角カタカナ、全角英数、半角カタカナモードを選択して、切り替えることができます。半角英数にすると、日本語入力モードがオフ A になります。

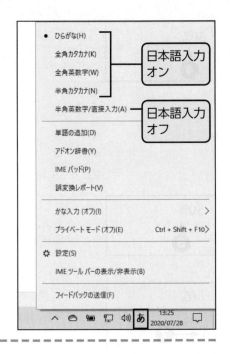

日本語を入力する方法には、「ローマ字入力」と「かな入力」があります。「ローマ字入力」は、ローマ字読みの英字キーで入力し、「かな入力」は、キーボードに表記されているかなをそのまま入力します。たとえば「か」と入力する場合、ローマ字入力では K (K) と A (A) のキーを押し、かな入力では か (か) のキーを押します。

Microsoft IMEの初期状態は「ローマ字入力」になっています。「かな入力」に切り替えるには、タスクバーの入力モードのボタンを右クリックし、ショートカットメニューの [かな入力 (オフ)] をポイントして、[有効] をクリックします。

どちらの入力方法にするか迷ったら、「ローマ字入力」をお勧めします。ローマ字入力は、かな入力に比べてキーを押す回数は多いものの、配置を覚えるキーが少なく、文章中に英字や記号を入力したり、インターネットのアドレスを入力する場合にも入力モードを切り替える必要がなく効率的です。
※本書では、ローマ字入力を基本に説明します。

ひらがなの入力

日本語を入力するには、日本語入力モードをオンにします。日本語を入力すると文字の下に波線と予測入力候補という入力候補の一覧が表示されます。これは文字が未確定の状態で漢字や文章などに変換できることを示しています。入力したひらがなのまま確定するには、そのままEnterキーを押します。

操作 ✋ ひらがなを入力する

「あす」と入力しましょう。

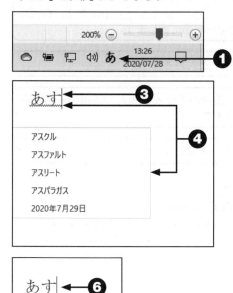

❶ タスクバーの入力モードのボタン A をクリックするか、半角/全角キーを押して、日本語入力モードをオン あ にします。

❷ A 、S 、U (A、S、U) のキーを順に押します。

❸ 「あす」と入力されます。

❹ 文字に波線の下線と予測入力候補の一覧が表示されます。

❺ Enterキーを押します。

❻ 下線が消えて、ひらがなの文字が確定されます。

❼ もう一度Enterキーを押して、改行します。

操作 ✋ 小さい「っ」を入力する

「かった」と入力しましょう。

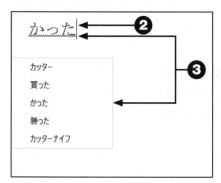

❶ K 、A 、T 、T 、A (K、A、T、T、A) のキーを順に押します。

❷ 「かった」と入力されます。

💡 ヒント
小さい「っ」を入力するには
小さい「っ」を促音（そくおん）といいます。小さい「っ」の後の文字「た」の子音（T）を2回押すと小さい「っ」が入力されます。
例：かった→(KATTA)

❸ 文字に波線の下線と予測入力候補の一覧が表示されます。

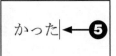

④ Enterキーを押します。

⑤ 下線が消えて、ひらがなの文字が確定されます。

⑥ もう一度Enterキーを押して、改行します。

操作 小さい文字を入力する

「きょう」と入力しましょう。

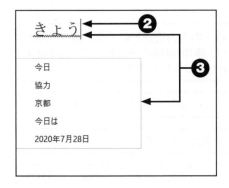

① K、I、L、Y、O、U (K、I、L、Y、O、U) のキーを順に押します。

② 「きょう」と入力されます。

③ 文字に波線の下線と予測入力候補の一覧が表示されます。

④ Enterキーを押します。

💡 ヒント
小さい文字の入力方法
「きょ」や「しゃ」のように2字のかなで表されるものを拗音（ようおん）といいます。拗音の小さい文字は、「L」または「X」を小さくしたい文字の前に付けて入力します。
例：きょう→き (KI) ょ (LYO) う (U)
また「きょ」は「KYO」でも入力できます。巻頭の「ローマ字入力対応表」を参考にしてください。

⑤ 下線が消え、ひらがなの文字が確定されます。

⑥ もう一度Enterキーを押して、改行します。

漢字の入力

漢字を入力するには、ひらがなで読みを入力し、**スペース**キーまたは**変換**キーを押します。目的の漢字が表示されない場合は、再度**スペース**キーまたは**変換**キーを押して表示される変換候補の一覧から選択します。予測入力候補に目的の漢字が表示された場合は、その一覧から選択することもできます。

操作 漢字を入力する

「富士」と入力しましょう。

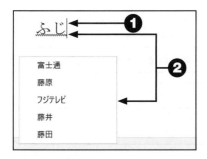

 ❶漢字の読み「ふじ」を入力します。

❷文字に波線の下線と予測入力候補の一覧が表示されます。

💡 ヒント
予測入力候補に目的の漢字が表示された場合
入力中に表示される予測入力候補に目的の漢字がある場合はそこから選択します（P.49参照）。

- -

❸スペースキーを押します。

💡 ヒント
変換キーで変換
スペースキーの代わりに**変換**キーを押しても、漢字に変換できます。**スペース**キーの方が**変換**キーより大きくて押しやすいため、本書では**スペース**キーを使用しています。

- -

❹漢字に変換され、下線が太実線に変わります。

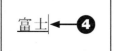

💡 ヒント
入力ミスに気付いたら
変換した後で入力の間違いに気付いた場合は、下線が表示されている状態で**Esc**キーを押します。変換が取り消され、元のひらがなに戻ります。

- -

❺Enterキーを押します。

❻下線が消えて、文字が確定されます。

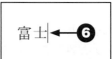

❼Enterキーを押して、改行します。

. . . .

操作👉 同音異義語を選択する

. . . .

「聴く」と入力しましょう。

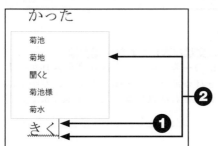

 ❶漢字の読み「きく」を入力します。

❷文字に波線の下線と予測入力候補の一覧が表示されます。

❸スペースキーを押します。

❹漢字に変換され、下線が太実線に変わります。

❺もう一度スペースキーを押します。

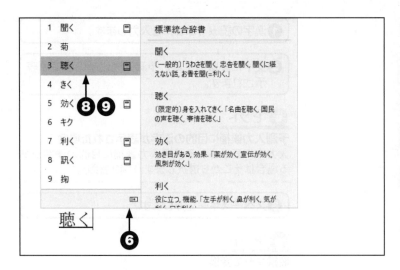

⑥変換候補の一覧が表示されます。

⑦スペースキーまたは↓下方向キーを押します。

⑧選択対象を示す水色表示が移動します。

⑨目的の漢字［聴く］を選択します。

⑩Enterキーを押します。

💡 ヒント
変換候補の一覧からのその他の選択方法
変換候補の一覧の目的の漢字をクリックするか、番号の数字のキーを押しても選択できます。

⑪下線が消えて、文字が確定されます。

⑫Enterキーを押して、改行します。

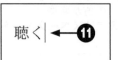

💡 ヒント **同音異義語の意味を表示するコメント機能**
変換候補の同音異義語の中には、右側に📖が付いているものがあります。この単語に選択対象を示す水色表示を合わせると［標準統合辞書］の一覧が表示され、単語の意味や使い方を参照しながら漢字を選択できます。

操作👉 予測入力候補から選択する

Microsoft IMEには予測入力機能が装備されていて、ひらがなを入力すると、IMEの辞書と入力履歴に基づき、予測入力候補として、その文字を含んだ語句や文章の一覧が表示されます。予測入力候補は、文字の入力が進むごとに絞られます。
予測入力候補から選択して、「お世話になっております。」と入力しましょう。

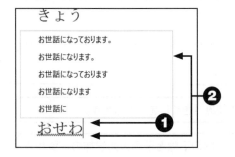

❶目的の文章の最初の3文字「おせわ」を入力します。

❷文字に波線の下線と予測入力候補の一覧が表示されます。

💡 ヒント
候補に目的の文章が表示されない場合は
予測入力候補の一覧に目的の文章が表示されない場合は、表示されるまで入力を続けます。この例では「おせわ」で表示されなければ、「おせわに」まで入力します。

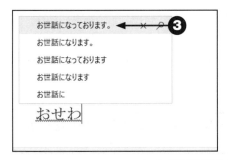

お世話になっております。 ←④

❸目的の文章［お世話になっております。］をクリックします。

💡 ヒント

キー操作での候補の選択

予測入力候補の一覧からキー操作で選択するには、↓下方向キーまたは**Tab**キーを押して選択対象を示す水色表示を目的の候補に移動し、**Enter**キーを押します。

❹漢字混じりの文章に変換され、下線が消えて、文字が確定されます。

❺**Enter**キーを押して改行します。

カタカナの入力

カタカナは、漢字と同様に、ひらがなで読みを入力して変換できます。

操作👉 カタカナを入力する

「バス」と入力しましょう。

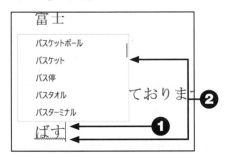

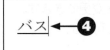

❶「ばす」と入力します。

❷文字に波線の下線と予測入力候補の一覧が表示されます。

❸スペースキーを押します。

❹文字がカタカナに変換され、下線が太実線に変わります。

❺**Enter**キーを押します。

❻下線が消えて、文字が確定されます。

❼**Enter**キーを押して、改行します。

操作 👉 予測入力候補から選択する

「スーツケース」と入力しましょう。

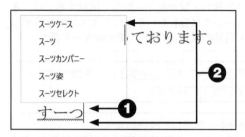

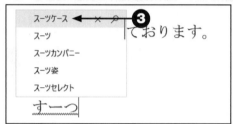

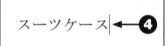

スーツ ケース ◄━━ **4**

❶ 目的の語句の最初の3文字「すーつ」を入力します。

❷ 文字に波線の下線と予測入力候補の一覧が表示されます。

❸ 目的のカタカナ［スーツケース］をクリックします。

💡 ヒント
長音「ー」の入力
キーボードの 🔲 (ー) キーをそのまま押します。

❹ カタカナに変換され、下線が消えて、文字が確定されます。

❺ Enterキーを押して、改行します。

英字の入力

ローマ字入力モードでは、英字のスペルのキーを入力し、ファンクションキーの**F9**キーや**F10**キーを押すと、全角や半角の英字に変換できます。

文字を入力後にファンクションキーの**F6**から**F10**キーを使うと、入力した語句の文字の種類を変更できます。
文章の入力中に入力モードを切り替えることなく、英字やカタカナに効率よく変換できるので便利です。

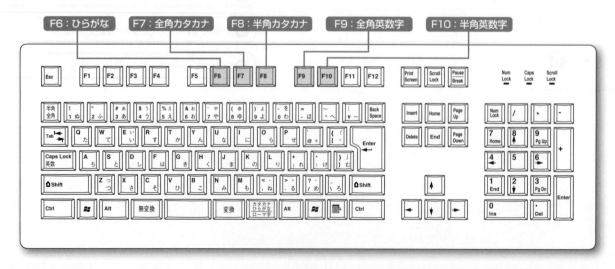

文字には全角文字と半角文字があります。半角文字は全角文字のほぼ半分の幅です。カタカナと英数字は全角と半角のどちらの種類にも変換できます。ひらがな、漢字は全角文字しかありません。

操作 👉 英字を入力する

ファンクションキーを使用して、半角英字で「JAPAN」と入力しましょう。

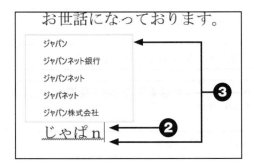

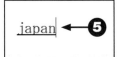

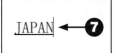

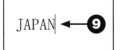

❶ (J、A、P、A、N) のキーを順に押します。

❷「じゃぱn」と入力されます。

❸文字に波線の下線と予測入力候補の一覧が表示されます。

❹F10キーを押します。

❺半角の小文字の英字に変換され、下線が太実線に変わります。

❻もう一度F10キーを押します。

❼半角の大文字の英字に変換されます。

❽Enterキーを押します。

❾下線が消えて、文字が確定されます。

❿Enterキーを押して、改行します。

F9キーと**F10**キーは続けて押す回数によって次のように変換されます。
1回…すべて小文字 → 2回…すべて大文字 → 3回…先頭だけ大文字
japan → JAPAN → Japan

記号の入力

キーボードにある記号はキーを押すだけで入力できますが、それ以外の記号は、記号の読みを入力して変換します。

操作 👉 記号を入力する

「☆」と入力しましょう。

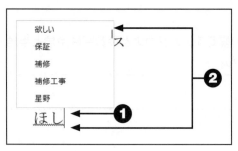

| 欲しい |
| 保証 |
| 補修 |
| 補修工事 |
| 星野 |

ほし

❶「ほし」と入力します。

❷文字に波線の下線と予測入力候補の一覧が表示されます。

❸スペースキーを押します。

星 ← ❹

❹漢字に変換され、下線が太実線に変わります。

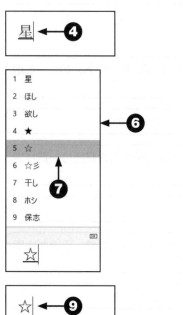

1 星
2 ほし
3 欲し
4 ★
5 ☆
6 ☆彡
7 干し
8 ホシ
9 保志

☆

❺もう一度スペースキーを押します。

❻変換候補の一覧が表示されます。

❼スペースキーまたは⬇下方向キーを押し、[☆]を選択します。

❽Enterキーを押します。

☆ ← ❾

❾下線が消えて、文字が確定されます。

❿Enterキーを押して、改行します。

💡 ヒント　読みを入力して変換できる記号

記号の読みを入力して変換できる記号の例です。

読みがわからない記号は「きごう」と入力して変換すると記号の一覧が表示されます。

記号の読み	入力できる記号	記号の読み	入力できる記号
まる	○ ◎ ● ①から⑳までの丸数字 (環境依存文字)	から	〜
しかく	■ □ ◆ ◇	おなじ	々 〃 ゞ ヾ ヽ ゝ 仝
ほし	★ ☆ ※ ＊	ゆうびん	〒
やじるし	→ ← ↓ ↑ ⇒ ⇔	おんぷ	♪ (^^♪
かっこ	【】 [] ｛｝ 「」 『』 ()	たんい	° ℃ ‰ ′ ″ ¥ $

変換候補の一覧には、[環境依存] と表示される記号があります。これは「環境依存文字」といい、コンピューターの機種やOSなど特定の環境でしか表示できない文字です。別の環境で表示すると、文字化けなどを起すことがあるので注意しましょう。

環境依存文字の例：㈱　TEL　㋿　①　㌍　☺

⭐ 参考　顔文字の入力

顔文字は笑顔やおじぎなど顔の表情や動作を文字で表したもので、主にメールなどで利用されます。顔文字を入力するには、「かお」と入力して変換します。

顔文字の例：(^^♪　(^_-)-☆　(^^)/　(*^^)v　(+o+)　(T_T)　<m(__)m>

文章の入力

文章を入力するには、文章全体または文章の適当な切れ目までの読みを入力し、変換します。漢字、カタカナ、ひらがな混じり文に一括して変換できます。

操作 👉 文章を入力する

「パンを食べる」と入力しましょう。

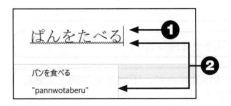

❶「ぱんをたべる」と入力します。

❷文字に波線の下線と予測入力候補の一覧が表示されます。

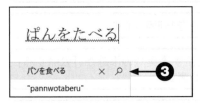

❸目的の文章 [パンを食べる] をクリックします。

💡 ヒント

入力する文の長さ
文章全体でなく、適当な長さで区切って入力するときは、助詞(て、に、を、は)まで入力して変換します。

💡 ヒント

「ん」(撥音)の入力
「ん」を撥音(はつおん)といいます。「ん」を入力するには、🄽(N)キーを2回押します。「ん」に続く文字が子音で始まる場合は、🄽(N)キーを1回押し、続けて子音を入力すると自動的に「ん」が表示されます。
例:パンを(P、A、N、N、W、O)または(P、A、N、W、O)

```
パンを食べる|
```
←❹

❹文章全体が変換され、下線が消えて、文章全体が確定されます。

❺Enterキーを押して、改行します。

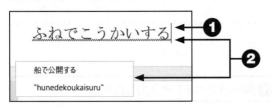

文章を変換したときに、目的の文字に変換されていない文節がある場合は、その文節を再び変換します。再変換する文節を指定するには、方向キーを使って変換対象となる文節を移動します。

「ふねでこうかいする」と入力して「船で公開する」と変換される文章を、変換対象の文節を移動して再変換し、「船で航海する」にしましょう。

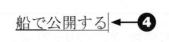

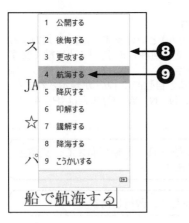

❶「ふねでこうかいする」と入力します。

❷文字に波線の下線と予測入力候補の一覧が表示されます。

❸スペースキーを押します。

❹文章全体が変換され、下線が太実線と実線に変わります。

❺➡️右方向キーを1回押します。

❻変換対象を示す太実線の下線が「公開する」の下に移動します。

❼スペースキーを押します。

❽変換候補の一覧が表示されます。

❾スペースキーまたは⬇️下方向キーを押し［航海する］を選択します。

❿Enterキーを押します。

⓫下線が消えて、文字が確定されます。

⓬Enterキーを押して、改行します。

文章を変換したときに自動的に行われる文節の区切りが適切でなく、目的の文章に変換されない場合は、**Shift**キーを使って、文節の区切りを変更します。
　「あすはいしゃにいく」と入力して「明日歯医者に行く」と変換される文章を、文節の区切りを変更して「明日は医者に行く」にしましょう。

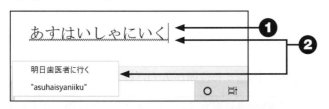

❶「あすはいしゃにいく」と入力します。

❷文字に波線の下線と予測入力候補の一覧が表示されます。

❸スペースキーを押します。

❹文章全体が変換され、下線が太実線と実線に変わります。

💡 **ヒント**
目的の文章に変換された場合は
　「明日は医者に行く」と変換された場合は、練習のために、文節の区切りを変更して「明日歯医者に行く」にしましょう。

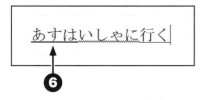

❺**Shift**キーを押しながら➡右方向キーを1回押します。

❻「あすは」に太実線が表示され、文節の区切りが変更されます。

💡 **ヒント**
文節の長さの変更
Shiftキーを押しながら➡右方向キーまたは⬅左方向キーを1回押すごとに1文字ずつ文節の長さが変えられます。

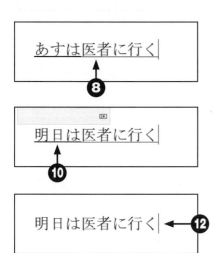

❼スペースキーを押します。

❽「医者に」に変換されます。

❾スペースキーを押します。

❿「明日は」に変換されます。

⓫**Enter**キーを押します。

⓬下線が消えて、文章全体が確定されます。

⓭**Enter**キーを押して、改行します。

Microsoft IMEの便利な機能

日本語入力システム Microsoft IMEには、郵便番号から住所を入力する、読みのわからない漢字を検索する、よく使う単語を短い読みで入力できるように登録するなどの便利な機能があります。日本語入力に慣れてきたら、これらの便利な機能を利用してみましょう。

操作👉 郵便番号から住所を入力する

郵便番号を「－」(ハイフン)で区切って入力して変換すると、郵便番号に該当する住所が入力されます。

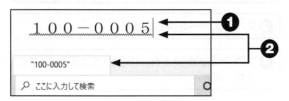

❶郵便番号を「－」(ハイフン)で区切って入力します。

❷文字に波線の下線と予測入力候補の一覧が表示されます。

❸スペースキーを押します。

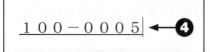

❹下線が太線に変わります。

❺もう一度スペースキーを押します。

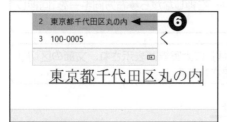

❻郵便番号に該当する住所が入力されます。住所が入力されない場合は表示される変換候補の一覧からスペースキーまたは↓下方向キーを押して選択します。

❼Enterキーを押します。

東京都千代田区丸の内 ←❽

❽下線が消えて、文字が確定されます。

❾Enterキーを押して、改行します。

読みのわからない漢字を入力したい場合は、「IMEパッド」を使うと、マウスで描いた文字を探して漢字を挿入できます。「IMEパッド」は、タスクバーの入力モードの あ を右クリックして [IMEパッド] をクリックして起動します。

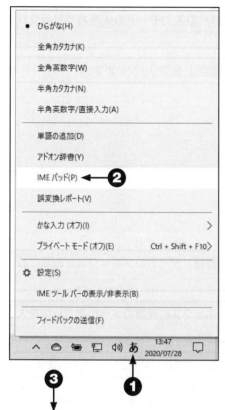

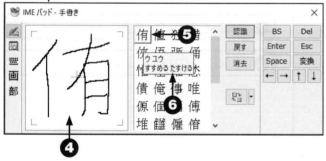

❶タスクバーの入力モードの あ を右クリックします。

❷[IMEパッド] をクリックします。

❸IMEパッドが表示されます。

❹「ここにマウスで文字を描いてください。」部分でドラッグして字を書きます。

❺手書きした文字に似ている漢字の一覧が表示されます。

❻ポイントすると漢字の読みが表示されます。

❼クリックするとカーソルの位置に文字が挿入されます。

❽文字に太線の下線と予測入力候補の一覧が表示されます。

❾Enterキーを押します。

❿下線が消えて、文字が確定されます。

⓫Enterキーを押して、改行します。

≫ ✕ 閉じるボタンをクリックして、IMEパッドを閉じます。

操作 よく使う単語を登録する

入力に手間のかかる記号やよく使う長い語句などをすばやく入力できるように、短い語句で登録します。
メールアドレスを「めあど」という読みで登録しましょう。

①タスクバーの入力モードの あ を右クリックします。

②[単語の追加] をクリックします。

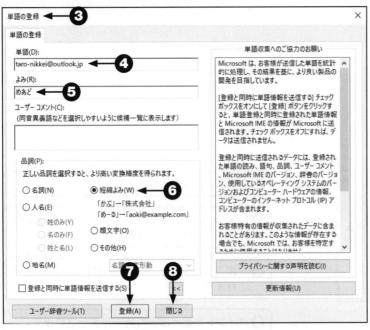

③[単語の登録] ダイアログボックスが表示されます。

④[単語] ボックスに任意のメールアドレスを入力します。

⑤[よみ] ボックスに「めあど」と入力します。

⑥[品詞] の [短縮よみ] をクリックします。

⑦[登録] をクリックします。

⑧[閉じる] をクリックします。

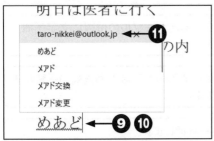

⑨登録した読み「めあど」を入力します。

⑩文字に波線の下線が表示されます。

⑪予測入力候補の一覧に登録したメールアドレスが表示されるのでクリックします。

taro-nikkei@outlook.jp ←⑫

⑫メールアドレスが入力され、下線が消えて、文字が確定されます。

入力した内容を保存せずにワードパッドを終了しましょう。

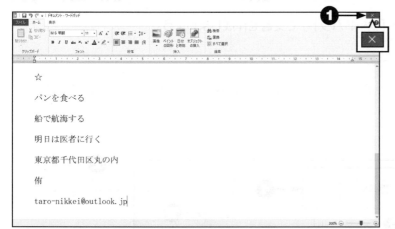

❶ 閉じるボタンをクリックします。

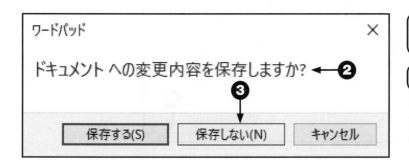

❷ 「ドキュメントへの変更内容を保存しますか?」というメッセージが表示されます。

❸ [保存しない] をクリックします。

≫ ワードパッドが終了します。

≫ 次の演習のために、ワードパッドを再び起動しておきます。

💡 ヒント　保存のメッセージ

文書を保存しないでワードパッドを閉じようとすると、手順❷の保存の確認メッセージが表示されます。[保存する]をクリックすると、保存の画面が表示されます。[保存しない] をクリックすると保存されずにワードパッドが終了します。[キャンセル] をクリックすると、保存の操作自体がキャンセルされ、メッセージが閉じます。

ワードパッドで文書を作成するには

Windows 10付属のワープロソフト「ワードパッド」で文書を作成しましょう。

ワードパッドを起動すると表示される画面です。操作するうえで基本となる各部の名称と役割について確認します。

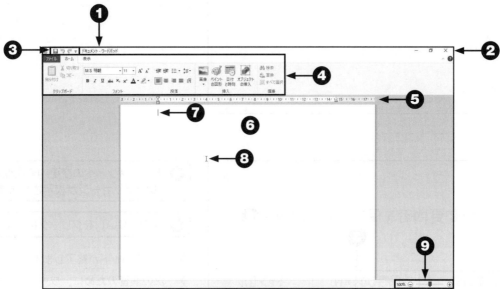

❶タイトルバー

ファイル名（文書名）やアプリ名（ワードパッド）が表示されます。

❷閉じるボタン

クリックすると、ウィンドウが閉じてワードパッドが終了します。

❸クイックアクセスツールバー

［上書き保存］、［元に戻す］など頻繁に利用するボタンが配置されています。

❹リボン

ウィンドウの上部の［ファイル］、［ホーム］、［表示］と表示されたタブとその下のボタンが並んでいる領域です。文書作成で使用するコマンド（命令）が機能ごとにタブに分類されて表示されます。

❺ルーラー

左右の余白やインデント（字下げ）の位置を表示します。

❻文書ウィンドウ

文書作成をするためのウィンドウです。文字を入力したり、イラストや図形、画像を挿入できます。

❼カーソル（点滅している縦棒）

文字の入力される位置を示します。

❽マウスポインター

ポイントする場所や状況によって形が変わります。

❾ズームスライダー

文書の表示倍率を変更することができます。

文章の入力

文書を作成するときは、初めにすべての文字を入力します。次に、書体や文字サイズを変更したり、配置を調整して見やすい文書に仕上げます。

 操作 ワードパッドで文章を入力する

ミニコンサートのお知らせの文章を入力しましょう。

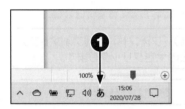

❶タスクバーの入力モードのボタン A をクリックするか、半角/全角キーを押して、日本語入力モードをオン あ にします。

❷以下の画面を参考に文字を入力します。

```
ミニコンサートのお知らせ


恒例のなでしこ町内会有志によるミニコンサートを開催します。

みなさまお誘い合わせのうえ、ぜひお越しください。

・日時：１１月3日（祝日）１４時～１６時

・場所：なでしこ町文化会館　小ホール

|
```

💡 ヒント　入力のヒント

1行目の「ミニコンサートのお知らせ」の後でEnterキーを2回押し、空白行を1行入れてから3行目に「恒例の・・・」と入力します。
「・」は 🔲 (/) キーをそのまま押します。数字は全角で入力します。「～」は「から」と入力して変換します。
最終行で改行し、文章の1行下にカーソルを表示します。

文書の編集

文書の編集を行うときは、対象となる範囲を選択し、リボンのボタンをクリックします。

 操作 行を選択して書式を設定する

「ミニコンサートのお知らせ」の行を選択し、フォント（書体）を「MS Pゴシック」、文字サイズを「36pt」、色を「鮮やかな緑」に変更しましょう。

❶「ミニコンサートのお知らせ」の行の左側（左余白）をポイントします。

❷マウスポインターの形が ⤢ になっていることを確認し、クリックします。

❸行が青色に反転表示され、選択されます。

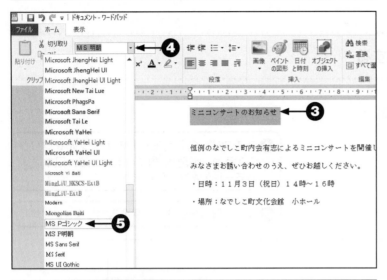

💡 ヒント

複数行を選択するには
範囲選択したい行の先頭行の左側（左余白）をポイントし、マウスポインターの形が ⤢ になったら下方向にドラッグします。

❹[ホーム] タブの [フォント] の [フォントファミリ] ボックスの▼をクリックします。

❺[MSPゴシック] をクリックします。

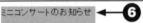

❻文字のフォント（書体）が変更されます。

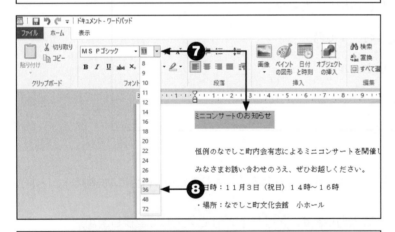

❼文字が選択された状態のまま、[フォントサイズ] ボックスの▼をクリックします。

❽[36] をクリックします。

❾文字サイズが大きくなります。

❿文字が選択された状態のまま、[テキストの色] ボタンの▼をクリックします。

⓫一覧から [鮮やかな緑]（下から3番目、左から2番目）をクリックします。

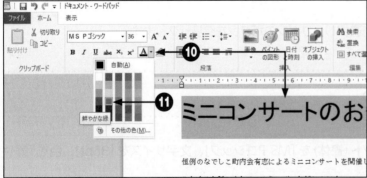

ミニコンサートのお知らせ ← **⑫**

| ← **⑬**

恒例のなでしこ町内会有志によるミニコンサートを開催します。

みなさまお誘い合わせのうえ、ぜひお越しください。

⑫ 文字の色が変更されます。

⑬ マウスポインターの形が I になる任意の場所を
クリックし、範囲選択を解除します。

操作 👉 文字を選択して書式を設定する

「11月3日（祝日）14時～16時」の文字サイズを「20pt」、色を「鮮やかな赤」に変更しましょう。

①
みなさまお誘い合わせのうえ、ぜひお越しください。
・日時：11月3日（祝日）14時～16時 - - - ➡
・場所：なでしこ町文化会館　小ホール
　　　　　　　　　　　　　②

①「11月」の左側をポイントし、マウスポイン
ターの形が I になっていることを確認します。

② 右方向に「16時」までドラッグします。

💡 **ヒント**

範囲選択がうまくできない場合は
Shift キーを押しながら 左右の方向キーを押すと、選
択範囲の長さを変更できます。◀左方向キーを押す
たびに1文字分短くなり、➡右方向キーを押すたび
に1文字分長くなります。

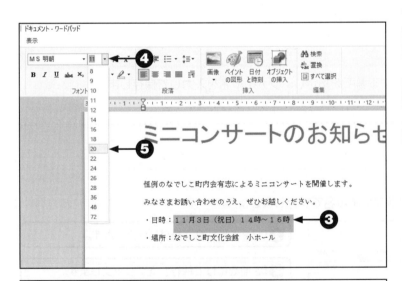

③「11月3日（祝日）14時～16時」が青く反
転され、選択されます。

④［フォントサイズ］ボックスの▼をクリックし
ます。

⑤［20］をクリックします。

みなさまお誘い合わせのうえ、ぜひお越しください。
・日時：11月3日（祝日）14時～16時 ← **⑥**
・場所：なでしこ町文化会館　小ホール

⑥ 文字サイズが大きくなります。

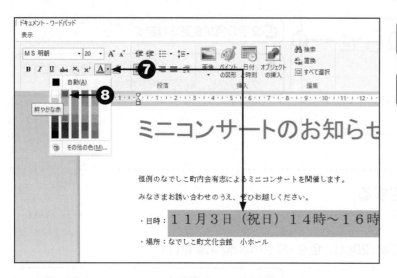

⑦文字が選択された状態のまま、[テキストの色] ボタンの▼をクリックします。

⑧一覧から [鮮やかな赤] (一番上、左から2番目) をクリックします。

恒例のなでしこ町内会有志によるミニコンサートを開催します。

みなさまお誘い合わせのうえ、ぜひお越しください。

・日時：１１月３日（祝日）１４時～１６時

・場所：なでしこ町文化会館　小ホール

⑨文字の色が変更されます。

⑩マウスポインターの形が I になる、選択範囲以外の場所をクリックし、範囲選択を解除します。

ファイルの保存

新規に作成した文書を保存するには、保存する場所を指定し、ファイル名を入力して保存します。

操作 文書を保存する

作成した文書を「ミニコンサートのお知らせ」というファイル名で保存しましょう。

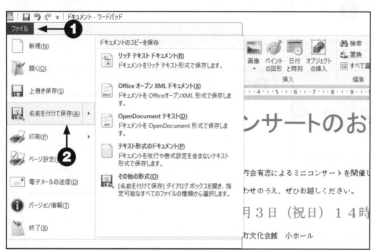

❶[ファイル] タブをクリックします。

❷[名前を付けて保存] をクリックします。

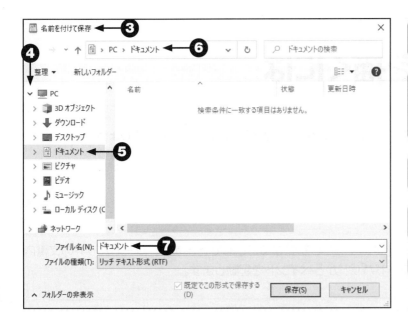

❸ [名前を付けて保存] ダイアログボックスが表示されます。

❹ 左側の一覧（ナビゲーションウィンドウ）の [PC] の左側の ﹀ をクリックします（[PC] の下に一覧が表示されている場合はこの操作は必要ありません）。

❺ [PC] の下に一覧が表示されるので [ドキュメント] をクリックします。

❻「 ﹥ PC ﹥ ドキュメント」と表示されたことを確認します。

❼ [ファイル名] ボックスをクリックします。

≫ [ファイル名] ボックスの「ドキュメント」が青色に反転します。

💡 ヒント
[ドキュメント] フォルダー
[PC] の [ドキュメント] フォルダーは、Windows 10内に標準で用意されている文書を保存するためのフォルダー（入れ物）です。

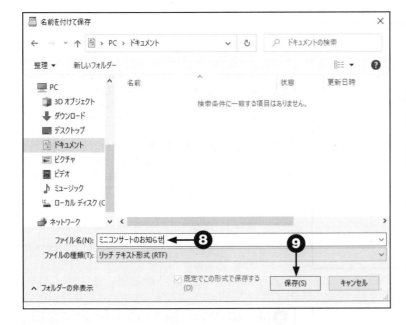

❽「ミニコンサートのお知らせ」と入力します。

❾ [保存] をクリックします。

💡 ヒント
ファイル名の入力
ファイル名の文字が青色に反転表示されているときは、文字が選択されている状態なので、ファイル名を入力すると文字が上書きされます。

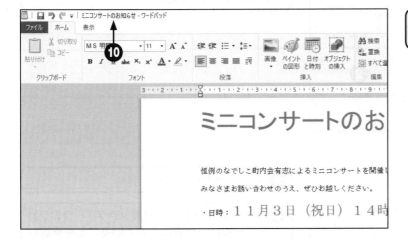

❿ タイトルバーに「ミニコンサートのお知らせ」と表示されたことを確認します。

ペイントで絵を描くには

Windows 10付属の描画ソフト「ペイント」で絵を描いて、作成した文書に挿入しましょう。

ペイントの起動

ペイントはワードパッドと同様に［スタート］メニューから起動することもできますが、ワードパッドの文書内にペイントで描いた絵を挿入する場合はワードパッドからペイントを起動します。

 ペイントを起動する

ワードパッドからペイントを起動します。

ミニコンサートのお知らせ

恒例のなでしこ町内会有志によるミニコンサートを開催します。

みなさまお誘い合わせのうえ、ぜひお越しください。

・日時：１１月３日（祝日）１４時～１６時

・場所：なでしこ町文化会館　小ホール

❶

❶ 文書内の最終行をクリックしてカーソルを表示します。

💡 ヒント　絵の挿入位置

ペイントで描いた絵は文書内のカーソルの位置に挿入されます。ペイントを起動する前にあらかじめ目的の位置にカーソルを移動しておきます。

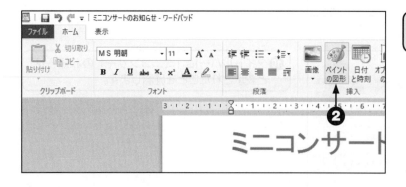

❷ ［ホーム］タブの［挿入］の［ペイントの図形］ボタンをクリックします。

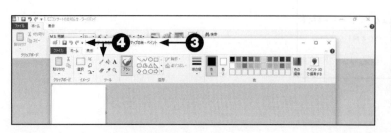

❸ ペイントが起動します。

❹ ワードパッドと同様にリボンやクイックアクセスツールバーが表示されていることを確認します。

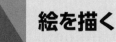

絵を描く

ペイントでは、「キャンバス」という白い領域内に、リボンのボタンを使って、さまざまな図形を描くことができます。

ペイントのリボンの [ホーム] タブには、絵の描くためのさまざまなツールが用意されています。

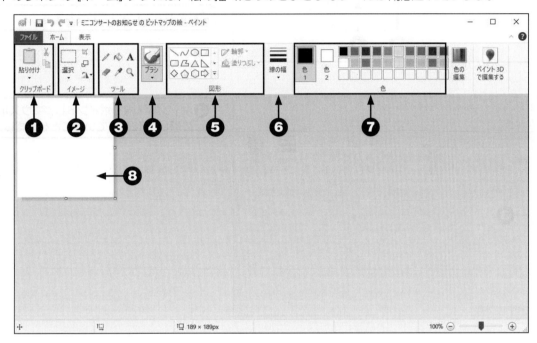

❶クリップボード

　[コピー]、[切り取り]、[貼り付け] のボタンを使って、絵のコピーや移動の操作が行えます。他のアプリとデータを連携して利用するときにも使用します。

❷イメージ

　[選択]、[トリミング]、[サイズ変更と傾斜]、[回転と反転] のボタンを使って、絵を選択したり、一部分を切り出したり、サイズや向きを変更したりすることができます。

❸ツール

　[鉛筆]、[消しゴム]、[塗りつぶし] などのボタンを使って、鉛筆のような線を描いたり、消しゴムで消したり、塗りつぶしたりするなどの操作ができます。[テキスト] ボタンをクリックしてキャンバスをクリックするとカーソルが表示され、文字を入力することが可能です。

❹ブラシ

　筆やペンを使ったような線が描けます。▼をクリックすると一覧が表示され、線の形状を選択できます。

❺図形

　図形を選択し、[輪郭] や [塗りつぶし] ボタンをクリックして表示される一覧から種類を選択して、描くことができます。

❻線の幅

　クリックすると線の太さの一覧が表示され、選択することができます。

❼色

　この一覧から描画する色を選択します。

❽キャンバス

　絵を描くための領域です。このサイズは変更することができます。

線や図形の基本的な描き方を練習しましょう。

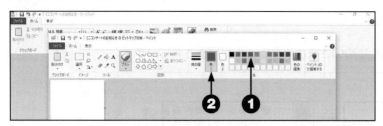

❶[ホーム] タブの [色] の一覧から [赤] (一番上、左から4番目) をクリックします。

❷[色1] に赤色が表示されます。

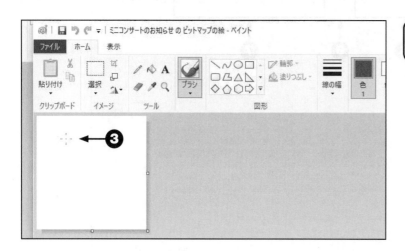

❸キャンバス内をポイントし、マウスポインターの形が ┼ になっていることを確認します。

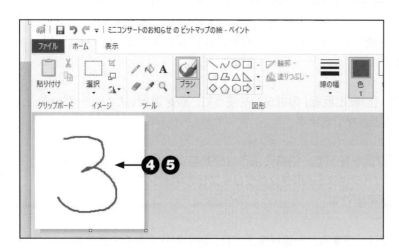

❹「3」の形をドラッグします。

❺赤い色で「3」が描かれます。

💡 ヒント __線を描く

ペイントを起動した直後は、[ブラシ] ボタンが選択されていてドラッグして線が描ける状態になっています。[ブラシ] ボタンの▼をクリックすると、ブラシの一覧が表示され、エアブラシやクレヨン、マーカーなど線の形状を選択することができます。

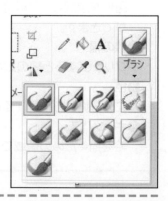

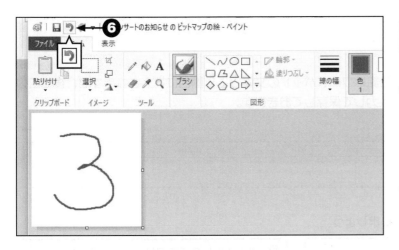

❻クイックアクセスツールバーの［元に戻す］
　ボタンをクリックします。

💡 ヒント

［元に戻す］
　［元に戻す］は、直前の操作を1ステップずつ元に戻
すコマンド（命令）です。**Ctrl**キーを押しながら、**Z**
キーを押しても実行できます。なお、元に戻した操
作をキャンセルするにはクイックアクセスツールバー
の 💠 ［やり直し］ボタンをクリックします。

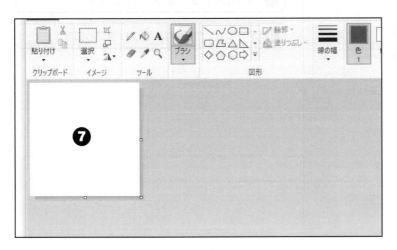

❼「3」が消えます。

💡 ヒント

その他の線の消し方
　実際に紙に鉛筆で書いた線を消しゴムで消すのと同
様に、［ツール］の 🧽 ［消しゴム］ボタンをクリック
して、マウスポインターの形が□でドラッグすると、
線や図形を消すことができます。

<描画例>

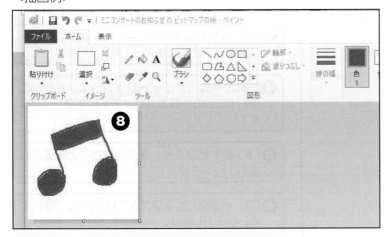

❽音符の絵を描いてみましょう。

💡 ヒント

図形の塗りつぶし
　図形の中を塗りつぶすには、色をクリックした後、
［ツール］の 🪣 ［塗りつぶし］ボタンをクリックしま
す。マウスポインターの形が 🪣 に変わるので、図形
の中をクリックします。この方法で塗りつぶしができ
ない部分は、［ブラシ］ボタンをクリックし、該当部
分をドラッグします。

ファイルの保存

ワードパッドから起動したペイントで描いた絵はワードパッドの文書内に自動的に挿入されますが、後でこの絵を再び使いたい場合には、ファイル名を入力して保存しておきます。

操作 👉 ファイルを保存する

作成した絵を「音符の絵」というファイル名で保存しましょう。

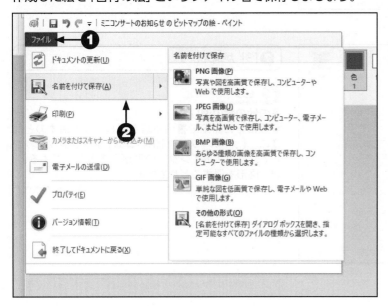

❶[ファイル] タブをクリックします。

❷[名前を付けて保存] をクリックします。

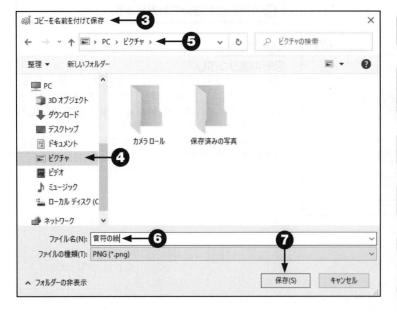

❸[コピーを名前を付けて保存] ダイアログボックスが表示されます。

❹左側の一覧（ナビゲーションウィンドウ）の [PC] の下の一覧の [ピクチャ] をクリックします。

❺「 ＞ PC ＞ ピクチャ」表示されたことを確認します。

❻[ファイル名] ボックスをクリックし、「音符の絵」と入力します。

❼[保存] をクリックします。

💡 ヒント

[ピクチャ] フォルダー

[PC] の [ピクチャ] フォルダーは、Windows 10内に標準で用意されている写真などの画像を保存するためのフォルダー（入れ物）です。

アプリの連携

Windwos 10では、複数のアプリを同時に開いて作業ができます。また、ペイントで描いた絵をワードパッドの文書内に挿入するというように、作業結果を別のアプリで利用することができます。

ペイント

ワードパッド

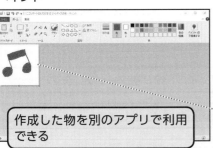

作成した物を別のアプリで利用できる

Windows 10上で動くアプリ

操作 ペイントの絵をワードパッドに挿入する

ペイントで描いた絵をワードパッドの文書内に挿入します。

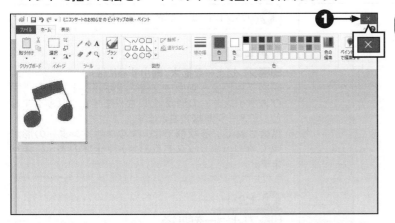

❶ ペイントの閉じるボタンをクリックします。

❷ ペイントで描いた絵がワードパッドの文書内に挿入されます。

文書の印刷

文書が完成したら、印刷のイメージを表示して確認してから、印刷します。印刷のイメージを画面上で確認する機能を「印刷プレビュー」といいます。

操作☞ 印刷プレビューを表示する

文書「ミニコンサートのお知らせ」の印刷プレビューを表示しましょう。

❶[ファイル] タブをクリックします。

❷[印刷] をポイントします。

❸[印刷プレビュー] をクリックします。

❹印刷プレビューが表示されます。

💡 ヒント

印刷プレビューを拡大/縮小するには

印刷プレビュー画面で文書内をポイントすると、マウスポインターの形が🔍になります。クリックすると、イメージが拡大されます。
拡大されている状態では、マウスポインターの形が🔍になり、クリックするとページ全体の表示に戻ります。

💡 ヒント

印刷プレビューを閉じる

[印刷プレビュー] タブの [印刷プレビューを閉じる] ボタンをクリックすると、印刷プレビューが閉じて、元の画面に戻ります。

印刷プレビュー画面から印刷を実行しましょう。

❶[印刷プレビュー] タブの [印刷] ボタンをクリックします。

💡 ヒント

その他の印刷方法
[ファイル] タブをクリックし、[印刷] をクリックしても印刷できます。

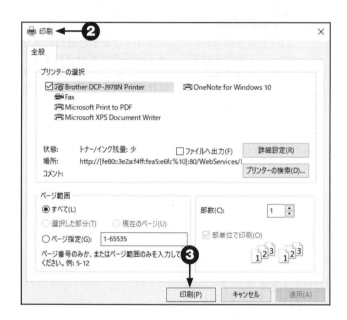

❷[印刷] ダイアログボックスが表示されます。

❸[印刷] をクリックすると、印刷が実行されます。

💡 ヒント

[印刷] ダイアログボックス
印刷の詳細を設定するための画面です。プリンターを選択したり、印刷するページ範囲や部数を設定できます。

上書き保存

保存してあるファイルの内容の修正後に、最新の状態で書き換えることを「上書き保存」といいます。上書き保存をすると、修正前の内容はなくなり、修正後の状態に変更されます。

操作 👉 ワードパッドを上書き保存する

文書「ミニコンサートのお知らせ」を絵が挿入された状態で上書き保存し、ワードパッドを終了しましょう。

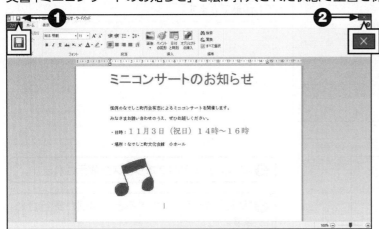

❶[クイックアクセスツールバー] の [上書き保存] ボタンをクリックします。

❷閉じるボタンをクリックします。

≫ ワードパッドが終了します。

💡 **ヒント**

[上書き保存]
🔲 [上書き保存] ボタンをクリックすると確認のメッセージは表示されずに、すぐに保存が実行されます。なお、上書き保存していない状態で ✕ 閉じるボタンをクリックすると、保存の確認メッセージが表示されます。

📶 この章の確認

☐ キーを使い分けて、英字や数字、記号を入力できますか？

☐ 日本語入力のオン/オフを切り替えられますか？

☐ ひらがなやカタカナ、漢字、英字、記号、文章の入力ができますか？

☐ ワードパッドで文書を作成できますか？

☐ 文書を保存できますか？

☐ 文書にペイントで描いた絵を挿入できますか？

☐ 文書の印刷プレビューを確認して印刷できますか？

☐ 変更した文書を上書き保存できますか？

ワードパッドを起動して、次の文字や文章を入力しましょう。入力後、保存せずに閉じましょう。

1. テニスをする

2. 昨日は買い物に行った。

3. 大阪と京都に出張します。

4. ホワイトボードにスケジュールを記入してください。

5. TVでオリンピックの中継を観た。

6. ※①～⑩までの注意事項をよく読んでください。

7. 水の都ヴェニスから花の都フィレンツェを巡るイタリア旅行に行きました。

8. 〒600-8016　京都府京都市下京区木屋町通松原下る材木町0番地　枳原　智也

9. Windows 10は、オペレーティングシステム（OS）です。ハードウェアとアプリケーションソフトの間で調整役となる基本ソフトです。オペレーティングシステムがなければコンピューターを動かすことはできません。

10.山路を登りながら、こう考えた。

智に働けば角が立つ。情に棹させば流される。意地を通せば窮屈だ。兎角に人の世は住みにくい。

住みにくさが高じると、安い所へ引き越したくなる。どこへ越しても住みにくいと悟った時、詩が生れて、画が出来る。（夏目漱石『草枕』）

11.拝啓　貴社ますますご盛栄のこととお喜び申し上げます。平素は格別のご愛顧を賜り厚く御礼申し上げます。

さて、私どもでは、かねてより皆様のご援助のもとに、新会社の設立準備を進めてまいりましたが、おかげさまでこのたび無事発足の運びとなりました。今後は、皆様のご支援に応えるべく、懸命の努力をいたす所存でございます。何卒、倍旧のご愛顧を賜りますようお願い申し上げます。

まずは、略儀ながら書中にてご案内申し上げます。

復習問題 問題 2-2

ワードパッドを使用して文書を作成しましょう。

1. ワードパッドを起動して、完成例を参考に文章を入力しましょう。

2. 文書全体のフォントを「メイリオ」に変更しましょう。

3. タイトル「散歩の会に参加しませんか？」のフォントサイズを「22pt」、色を「鮮やかな紫」に変更しましょう。

4. イベント名「春の多摩川散策とバーベキュー」のフォントサイズを「16pt」、色を「鮮やかな青」に変更しましょう。

5. ペイントで任意のイラストを描き、文書に挿入しましょう。

6. 文書のファイル名を「散歩の会」とし、[PC] の [ドキュメント] フォルダーに保存しましょう。

■完成例

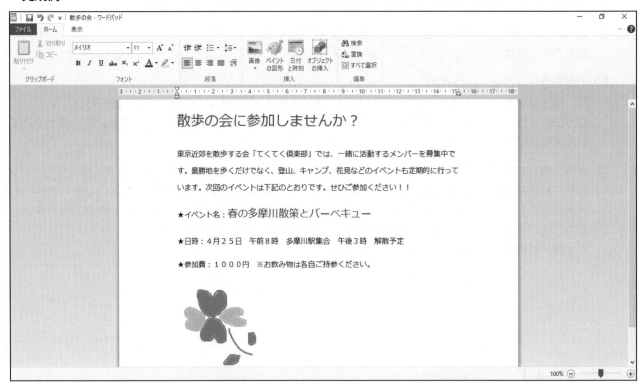

第3章

ファイルの管理

- ■ ファイルとフォルダーについて
- ■ エクスプローラーについて
- ■ コンピューターの構成について
- ■ フォルダーウィンドウの基本操作
- ■ ファイルやフォルダーの基本操作
- ■ ファイルやフォルダーを探すには

ファイルとフォルダーについて

コンピューターで扱うデータの基本となるのが「ファイル」と「フォルダー」です。

ファイルとフォルダーの概念やしくみを学習しましょう。

■ファイル

アプリケーションで作成したデータをひとまとめにしたものを「ファイル」といいます。ファイルは、作成元のアプリケーションや用途、データ形式によってさまざまな呼び方をします。たとえば、ワープロソフトで作成した文書は文書(またはドキュメント)ファイル、デジタルカメラで撮影した写真は写真(または画像やピクチャ)ファイルと呼ばれています。ファイルの種類は、アイコンの形で確認できます。

■フォルダー

複数のファイルをまとめるための入れ物が「フォルダー」です。フォルダーの中にさらにフォルダーを入れて階層的に整理することができます。フォルダー内に作成したフォルダーを「サブフォルダー」といいます。Windows 10には、ユーザーごとに専用フォルダーが用意されており、その中に格納されている各サブフォルダーは種類別に「ドキュメント」、「ピクチャ」、「ミュージック」、「ビデオ」、それ以外の「全般」に分類されます。

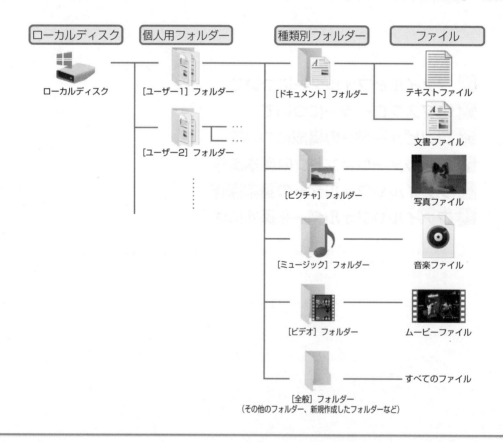

⭐ 参考　OneDriveについて

Windows 10では、エクスプローラーに「OneDrive」が表示されるようになっています。OneDriveはマイクロソフトが提供する無料で使えるオンラインストレージ（Web上のデータ保管サービス）です。OneDriveに写真やドキュメントなどのデータを保存すると、Webブラウザーやスマートフォン、他のコンピューターからOneDriveにサインインして、データにアクセスすることができます。また、他のユーザーとフォルダーやファイルを共有することもできます。
エクスプローラーの「OneDrive」に含まれるフォルダーやファイルは、通常のフォルダーやファイルと同様に操作することができます。ここからファイルを開いて編集し、保存すると、Web上のOneDriveのデータが更新されます。

■エクスプローラーからOneDriveに保存

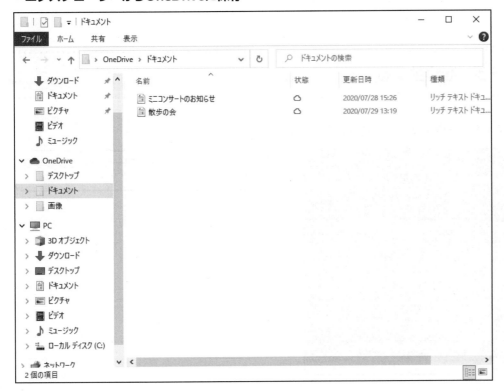

■WebブラウザーでOneDriveにアクセス

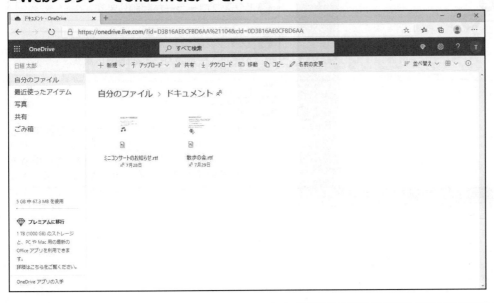

エクスプローラーについて

Windowsでファイルを管理するツールを「エクスプローラー」といいます。エクスプローラーはデスクトップ画面のタスクバーのアイコンから起動できます。エクスプローラーを起動すると、選択しているフォルダーのウィンドウが表示されます。これを「フォルダーウィンドウ」といいます。フォルダーウィンドウでは、コンピューター全体の階層構造を確認しながら、ファイルやフォルダーの作成、削除、移動やコピーなどの操作を行うことができます。

操作 エクスプローラーを起動する

エクスプローラーを起動し、フォルダーウィンドウを表示しましょう。

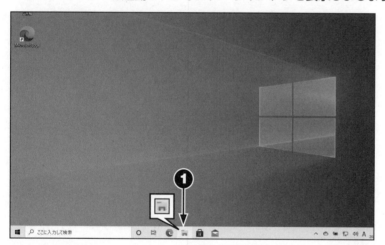

❶タスクバーの［エクスプローラー］をクリックします。

❷エクスプローラーが起動します。

❸［クイックアクセス］のフォルダーウィンドウが表示されていることを確認します。

💡 ヒント

クイックアクセス

Windows 10 では、エクスプローラーを起動すると［クイックアクセス］が表示されます。クイックアクセスは、よく使うフォルダーなどを登録できる場所です。［よく使用するフォルダー］の一覧に［デスクトップ］、［ダウンロード］、［ドキュメント］、［ピクチャ］、［ビデオ］、［ミュージック］フォルダーが表示され、［最近使用したファイル］の一覧に、最近使用したファイルが表示されます。

エクスプローラーを起動して表示されるフォルダーウィンドウの各部の名称と役割について確認しましょう。

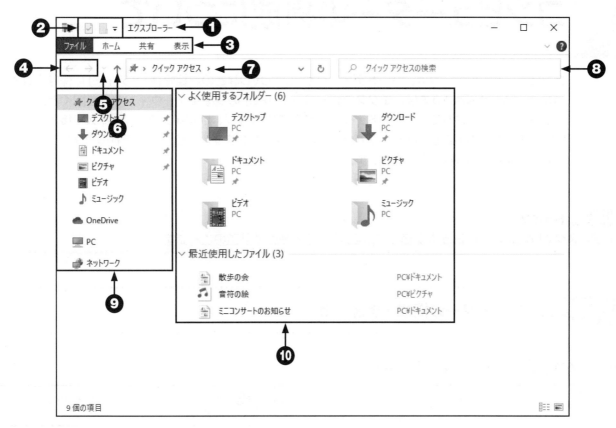

❶タイトルバー

「エクスプローラー」と表示されます。

❷クイックアクセスツールバー

[プロパティ]、[新しいフォルダー] など頻繁に利用するボタンが配置されています。リボンの上部にあり、リボンのどのタブを表示したときにでも使用することができます。

❸タブ

クリックすると、コマンドのボタンが配置されたリボンが表示されます。

❹← [戻る] ボタン/ → [進む] ボタン

1つ前に表示していたフォルダーの一覧表示に戻ったり、進めたりできます。

❺▾ [最近表示した場所] ボタン

クリックすると、最近表示した場所の一覧が表示され、選択するとそのフォルダーが一覧表示されます。

❻↑ ボタン

1つ上の階層を表示します。

❼アドレスバー

現在表示されているフォルダーの場所が表示されます。

❽ [検索] ボックス

単語や語句を入力するとすぐに検索が始まります。入力された文字を含むファイルやフォルダーを検索します。

❾ナビゲーションウィンドウ

コンピューター全体およびネットワーク上のコンピューターに接続されたドライブや外部記憶メディア、フォルダーが階層表示されます。

❿ファイル一覧

ナビゲーションウィンドウで選択されたフォルダーに含まれる項目が一覧表示されます。

コンピューターの構成について

コンピューターのデータは、ハードディスクやCD、DVDなどの記憶媒体（メディア）に保存されています。Windows 10では、エクスプローラーで [PC] のフォルダーウィンドウを開くと、コンピューターに内蔵されているハードディスクやDVDドライブ、USBインターフェイスで接続されたUSBメモリなどの外部記憶メディアのアイコンが表示されます。さらにそれぞれのフォルダーウィンドウを開くと、内容を確認できます。

用語 ドライブ

ハードディスクやDVDなどのデータを記憶しているメディアを動かす装置のことです。

操作 👉 コンピューターの構成を確認する

使用しているコンピューターの構成を確認しましょう。

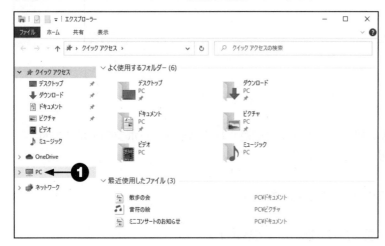

❶ナビゲーションウィンドウの [PC] をクリックします。

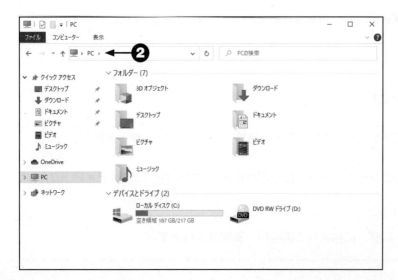

❷[PC] のフォルダーウィンドウに切り替わります。

[PC] のフォルダーウィンドウ

　[PC] のフォルダーウィンドウの上部の [フォルダー] には、現在のユーザーの [3Dオブジェクト]、[ダウンロード]、[デスクトップ]、[ドキュメント]、[ピクチャ]、[ビデオ]、[ミュージック] フォルダーが表示されます。下部の [デバイスとドライブ] には、コンピューターに内蔵されているハードディスクやドライブ、外部から接続された記憶メディアなどが表示されます。それぞれをダブルクリックして開くと、内容を確認できます。

[PC] のフォルダーウィンドウの [デバイスとドライブ] に表示されるアイコンについて

　[PC] のフォルダーウィンドウの [デバイスとドライブ] に表示されるアイコンは環境によって異なりますが、主なアイコンには次のようなものがあります。どのアイコンもダブルクリックするとウィンドウが開き、保存されているデータを確認できます。

■ハードディスクドライブ

コンピューターに内蔵されているハードディスクを表します。「ローカルディスク」と表示され、使用している環境によっては、ハードディスクのアイコンが複数ある場合があります。アイコンの左上に ⊞ マークが表示されているハードディスクにWindows 10がインストールされています。

■ リムーバブル記憶域があるデバイス

DVD-R/RWドライブを表します。ドライブにCDやDVDなどのメディアが入っているとアイコンの形が変わります。

USBメモリなどの外部記憶装置を表します。

CDとDVDディスクの種類と違いについて

■CD

	用途	サイズ
CD-ROM	読み取り専用で追記や削除はできない	650MB
CD-R	書き込みはできるが、削除はできない	650 または 700MB
CD-RW	書き込みと削除ができる	650 または 700MB

■DVD

	用途	サイズ
DVD-ROM	読み取り専用で追記や削除はできない	4.7GB
DVD-R DVD+R	書き込みはできるが、削除はできない	4.7GB
DVD-RW DVD+RW	書き込みと削除ができる DVDプレーヤーでは読み取れないこともある	4.7GB
DVD-RAM	書き込みと削除ができる DVDプレーヤーでは読み取れないこともある	2.6/4.7/5.2/9.4GB

記録できるDVDメディアでDVDプレーヤーとの汎用性が最も高いのはDVD-Rです。
他のメディアは、製造時期やメーカーによって読み取れない場合があります。
また、Blu-ray Discドライブを搭載しているコンピューターでは、BD-ROM (読み取り専用)、BD-R、BD-RE (単層25GB、2層50GBの書き込み可、BD-REはデータの削除も可) などを使用できます。

ハードディスクのプロパティを表示して、詳細情報を確認しましょう。

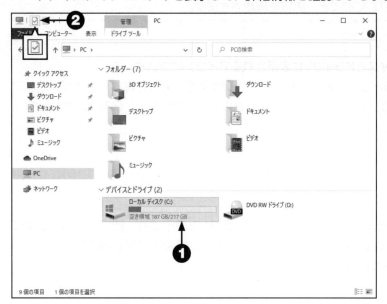

❶[ローカルディスク] アイコンをクリックします。

❷クイックアクセスツールバーの [プロパティ] ボタンをクリックします。

👄 用語
プロパティ
ドライブやファイル、フォルダーなどの属性です。詳細情報を確認したり、設定を変更することができます。

❸[ローカルディスクのプロパティ] ダイアログボックスが表示されます。

❹ハードディスクの使用領域と空き領域などの詳細情報を確認します。

❺[キャンセル] をクリックします。

≫ [ローカルディスクのプロパティ] ダイアログボックスが閉じます。

操作🖝 ハードディスクの内容を確認する

プログラムやデータファイルが入ったハードディスクのウィンドウを開き、内容を確認しましょう。

❶ [PC] のフォルダーウィンドウが表示されていることを確認します。

❷ [ローカルディスク] アイコンをダブルクリックします。

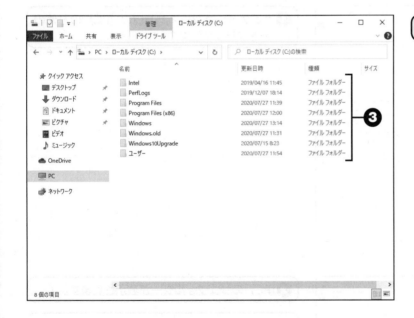

❸ ハードディスクの内容が一覧表示されます。

フォルダーウィンドウの基本操作

フォルダーウィンドウの操作は、コンピューターを利用するために基本となる知識です。ここでは
ドキュメントとピクチャのフォルダーを使ってフォルダーウィンドウの操作方法を学習しましょう。

ドキュメントの表示

フォルダーはナビゲーションウィンドウに一覧表示されていて、選択するとファイル一覧にその内容が表示さ
れます。

操作 👉 ドキュメントのフォルダーウィンドウを開く

[ドキュメント] フォルダーで管理されている文書ファイルを表示しましょう。

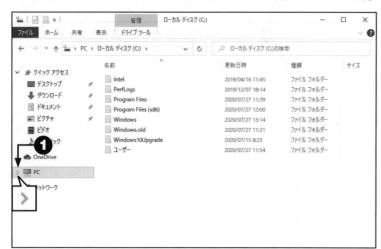

❶ナビゲーションウィンドウの [PC] の左側の
❯ をクリックします。

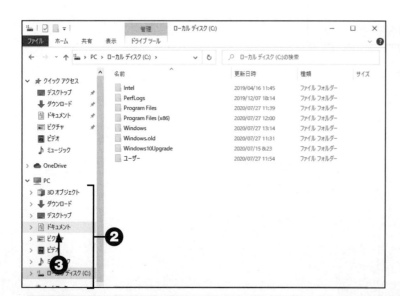

❷[PC] のサブフォルダーが表示されます。

❸[ドキュメント] をクリックします。

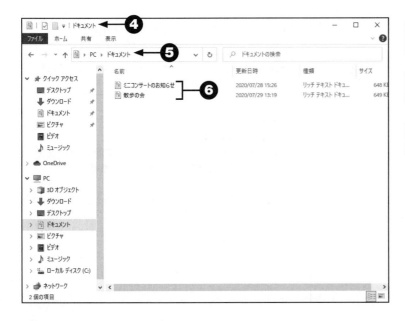

④[ドキュメント]のフォルダーウィンドウに切り替わります。

⑤アドレスバーに「＞PC＞ドキュメント」と表示されていることを確認します。

⑥[ドキュメント]フォルダーのファイル一覧が表示されます。

💡 ヒント　**ナビゲーションウィンドウの展開について**

ナビゲーションウィンドウのフォルダーなどのアイコンの左側に ＞ が表示されているときは、下の階層にサブフォルダーが存在することを表し、ボタンをクリック（またはアイコンをダブルクリック）してサブフォルダーを表示できます。サブフォルダーが表示されている状態では、上の階層のフォルダーには ∨ が表示されます。

- -

💡 ヒント　**以前に表示した場所に戻るには**

以前に表示した場所を再び表示するには、次の3つの方法があります。
・← [戻る]ボタン/→ [進む]ボタンをクリックして、表示した順番で戻したり、進めたりする。
・∨ [最近表示した場所]ボタンをクリックして表示される一覧から選択する。
・アドレスバーに表示されている階層の場所をクリックする。

- -

操作 👉 **ドキュメントファイルをプレビューで確認する**

プレビューウィンドウを表示すると、ファイルを開かなくてもその内容を確認することができます。[ドキュメント]フォルダー内のファイル「ミニコンサートのお知らせ」の内容を確認しましょう。

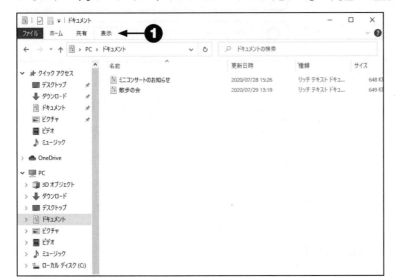

①[表示]タブをクリックします。

💡 ヒント

実習で使用するファイル
ファイル「ミニコンサートのお知らせ」など、この章で使用するファイルは、第2章で作成したファイルです。第2章を学習してからこの章の操作を進めてください。

- -

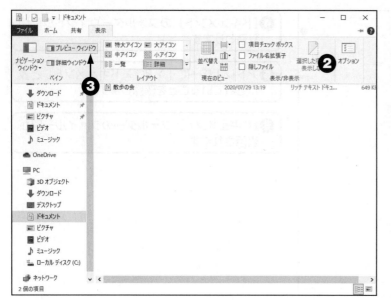

❷ [表示] タブのリボンが表示されます。

❸ [ペイン] の [プレビューウィンドウ] ボタン
をクリックします。

💡 ヒント

フォルダーウィンドウのリボン

フォルダーウィンドウのリボンは初期値では非表示
になっていて、タブのみが表示された状態です。
常に表示した状態にするには、リボンのタブをダブ
ルクリックするか、タブの右端にある ∨ [リボンの展
開] ボタンをクリックします。非表示の状態に戻すに
は、タブをダブルクリックするか、∧ [リボンの最小
化] ボタンをクリックします。

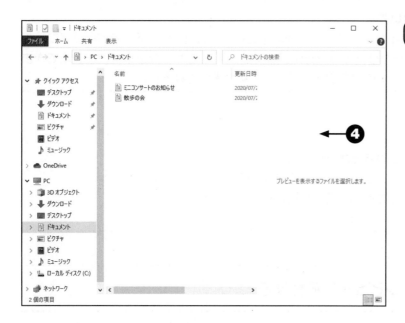

❹ プレビューウィンドウが表示されます。

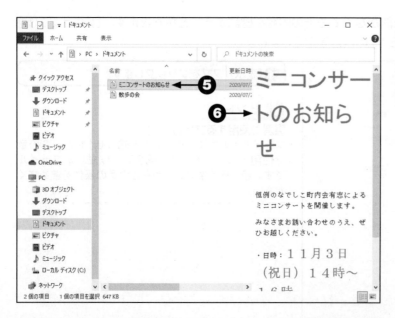

❺ ファイル一覧の [ミニコンサートのお知らせ]
をクリックします。

❻ プレビューウィンドウにファイルの内容が表示
されます。

≫ 再び、[表示] タブの [ペイン] の [プレビュー
ウィンドウ] ボタンをクリックしてオフにし、プ
レビューウィンドウを閉じます。

表示形式の変更

フォルダーウィンドウのファイルやフォルダーの表示方法は、アイコンで表示したり、ファイルサイズや更新日などの詳細情報を表示したりなど、さまざまな形式に変更できます。

操作☞ ファイルの表示形式を変更する

[ピクチャ] フォルダー内のファイルの表示形式を詳細表示にしましょう。

❶ナビゲーションウィンドウの [PC] の下の [ピクチャ] をクリックします。

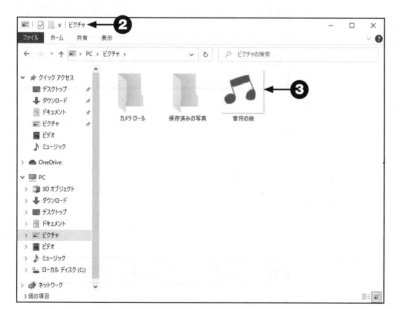

❷[ピクチャ] のフォルダーウィンドウに切り替わります。

❸ファイル「音符の絵」がアイコンで表示されていることを確認します。

💡 ヒント

[ピクチャ] フォルダーの中のフォルダー

[ピクチャ] フォルダーの中には、[カメラロール] フォルダーと [保存済みの写真] フォルダーがあらかじめ用意されています。これらのフォルダーはカメラアプリを利用して写真や動画を撮影した時のファイルの保存場所です。

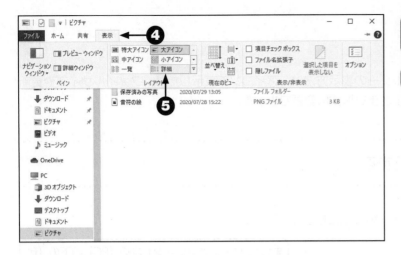

④[表示] タブをクリックしてリボンを表示します。

⑤[レイアウト] の [詳細] をクリックします。

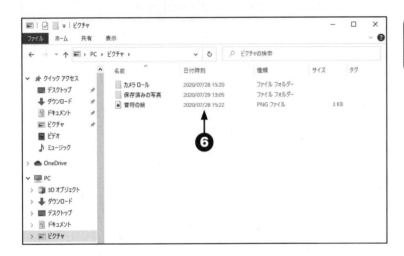

⑥ファイル一覧が詳細表示になり、フォルダーやファイルの更新日時や種類、サイズが表示されたことを確認します。

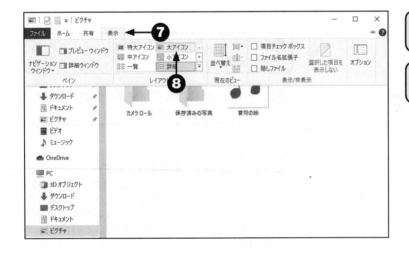

⑦[表示] タブをクリックしてリボンを表示します。

⑧[レイアウト] の [大アイコン] をクリックします。

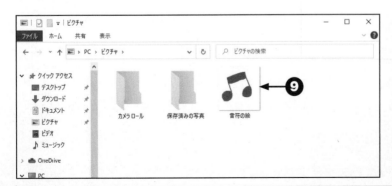

⑨ファイルが元のアイコン表示に戻ります。

💡 ヒント

アイコンの大きさと画像の表示

画像ファイルでは、アイコンの大きさが特大～中アイコンのときに、画像の縮小表示がアイコンになって表示されます。
小アイコン、一覧、詳細のときは 🖼 のアイコンが表示されます。

💡 ヒント　表示される項目を変更するには

フォルダー一覧を詳細表示した際に表示されている列見出しを右クリックすると、項目名が表示されます。現在表示されている項目にはチェックマークが付いています。追加したい項目名をクリックしてチェックマークを付けると、列見出しに項目が追加されます。

⭐ 参考　ファイルを並べ替えるには

詳細表示では、ファイルを名前や更新日時、種類、サイズを基準に並べ替えることができます。ファイルは初期値では名前の昇順で並んでいます。列見出しをクリックすると、ファイルがその項目の昇順、降順で並べ替えられます。並べ替えが行われている見出しには、昇順の場合 ⌃ 、降順の場合 ⌄ が表示されます。

また、[表示] タブの [現在のビュー] の ⊞ [並べ替え] ボタンをクリックすると、並べ替えの基準と昇順、降順を選択して並べ替えることができます。列見出しに表示されていない項目での並べ替えも可能です。

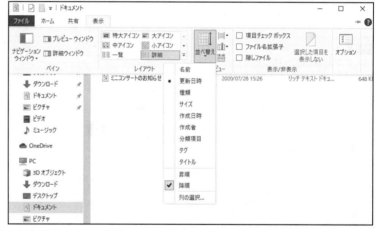

⭐ 参考　ファイルをフィルターするには

列見出しの項目をポイントして右側に表示される▼をクリックすると、フィルター機能で絞り込む項目が表示され、チェックボックスをクリックしてオンにすると該当するファイルだけが表示されます。もう一度、チェックボックスをオフにすればすべてのファイルが表示されます。たとえば、更新日時の ⌄ をクリックして、[昨日] のチェックボックスをオンにすると昨日更新されたファイルだけが表示されます（表示されるチェックボックスはファイルの状況により異なります）。

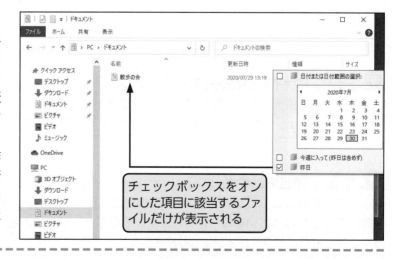

拡張子の表示

ファイルは、アプリケーションごとにファイルの種類を表す「拡張子」が設定されます。Windowsでは拡張子ごとにアイコンの表示が変わるため、見た目にも区別がしやすくなっています。

操作 ファイルの拡張子を表示する

ファイルの拡張子を表示しましょう。ここでは [ピクチャ] フォルダーのファイル「音符の絵」の拡張子を確認します。

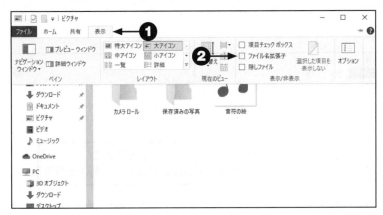

❶ [表示] タブをクリックしてリボンを表示します。

❷ [表示/非表示] の [ファイル名拡張子] チェックボックスをクリックしてオンにします。

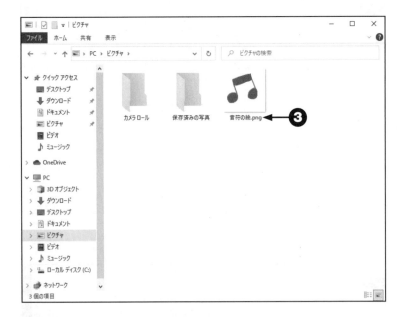

❸ ファイル「音符の絵」に拡張子「.png」が表示されたことを確認します。

≫ [表示] タブの [表示/非表示] の [ファイル拡張子] チェックボックスをオフにして、ファイルの拡張子を非表示にします。

≫ ☒ 閉じるボタンをクリックして、フォルダーウィンドウを閉じます。

💡 ヒント
PNGファイル
ペイントで作成したファイルは、初期値では「PNG」(ピーエヌジーまたはピング) という画像ファイルの形式で保存されます。

💡 ヒント [ファイル名拡張子] チェックボックス
[ファイル名拡張子] チェックボックスの設定はすべてのフォルダーウィンドウに適用されます。ここでは [ピクチャ] フォルダーでチェックボックスをオンにしましたが、他のフォルダーを表示した際もファイルの拡張子が表示されます。

⭐ 参考 [項目チェックボックス]
タッチ操作対応のコンピューターなど、環境によっては、[表示] タブの [表示/非表示] の [項目チェックボックス] が初期値でオンになっている場合があります。その場合、ファイル名にチェックボックスが表示され、ファイルを選択するとチェックボックスがオンになります。

ファイルやフォルダーの基本操作

ファイルやフォルダーは、別のフォルダーやドライブ、デスクトップなどに移動、コピーができます。また、新しいフォルダーを作成して、その中へファイルやフォルダーを入れてまとめることも可能です。ここでは、ファイルやフォルダーの基本操作を学習します。

ファイルやフォルダーの移動/コピー

ファイルやフォルダーを移動/コピーするにはいろいろな方法があります。状況に応じて、効率のよい方法で行いましょう。

■ [移動先] ボタン/ [コピー先] ボタンを使う

フォルダーウィンドウで目的のファイルやフォルダーを選択し、[ホーム] タブの [整理] の [移動先]、[コピー先] ボタンをクリックして表示される一覧から移動先/コピー先を選択します。

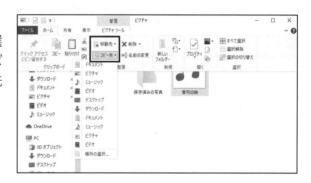

■ [切り取り] / [コピー]、[貼り付け] コマンドを使う

目的のファイルやフォルダーを選択し、移動の場合は右クリックしてショートカットメニューの [切り取り]、コピーの場合は [コピー] をクリックし、移動先、コピー先の場所を右クリックしてショートカットメニューの [貼り付け] をクリックします。

[切り取り] / [コピー]、[貼り付け] コマンドは、[ホーム] タブの [クリップボード] の [切り取り] ボタン/ [コピー] ボタン、[貼り付け] ボタンを使用したり、ショートカットキーの**Ctrl**+**X**キー (切り取り) /**Ctrl**+**C**キー (コピー)、**Ctrl**+**V**キー (貼り付け) でも行えます。

■ドラッグ操作で行う

目的のファイルやフォルダーを、移動の場合は移動先の場所にドラッグします。コピーの場合は**Ctrl**キーを押しながらドラッグします。

・移動の場合

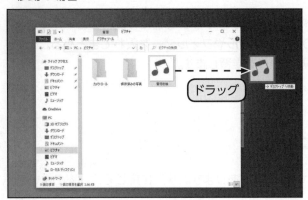

・コピーの場合

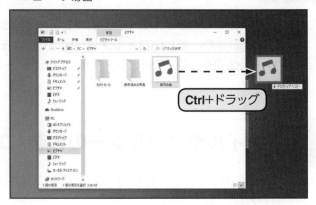

💡 **ヒント**　**異なるドライブ間で移動/コピーする場合**

デスクトップからUSBメモリなど、異なるドライブ間でファイルやフォルダーを移動/コピーするには、移動の場合は移動先の場所に**Shift**キーを押しながらドラッグします。コピーの場合はコピー先の場所にドラッグします。

■右ドラッグのショートカットメニューを使う

ファイルやフォルダーを移動先、コピー先の場所まで、マウスの右ボタンを押しながらドラッグします。表示されるショートカットメニューの [ここに移動] または [ここにコピー] をクリックします。

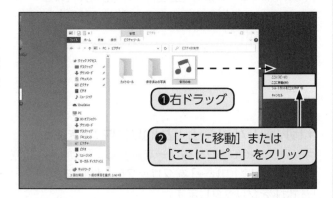

[ピクチャ] フォルダーにあるファイル「音符の絵」を [ドキュメント] フォルダーに移動します。

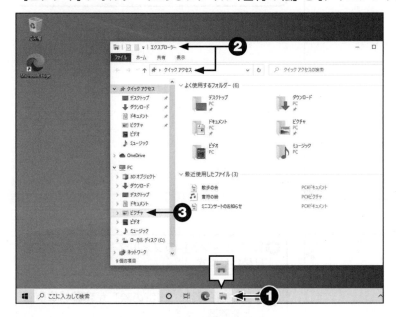

❶ タスクバーの [エクスプローラー] をクリックします。

❷ エクスプローラーが起動し、[クイックアクセス] のフォルダーウィンドウが開きます。

❸ ナビゲーションウィンドウの [PC] の下の [ピクチャ] をクリックします。

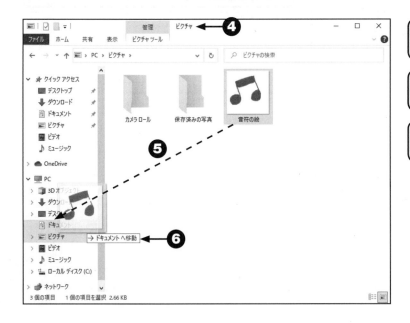

❹ [ピクチャ] のフォルダーウィンドウに切り替わります。

❺ [音符の絵] をナビゲーションウィンドウの [PC] の下の [ドキュメント] にドラッグします。

❻ 「→ドキュメントへ移動」とポップアップ表示されたら、マウスのボタンから指を離します。

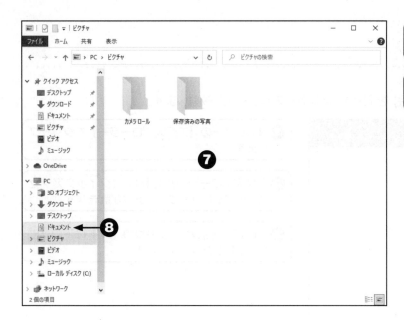

7 [ピクチャ] フォルダーから [音符の絵] がなくなります。

8 ナビゲーションウィンドウの [PC] の下の [ドキュメント] をクリックします。

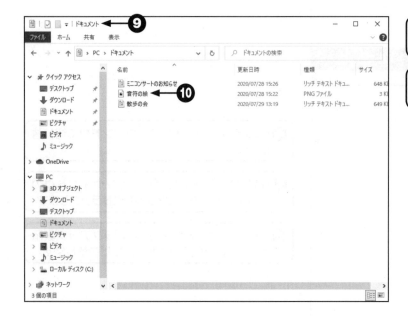

9 [ドキュメント] のフォルダーウィンドウに切り替わります。

10 ファイル一覧に [音符の絵] が移動していることを確認します。

操作 👉 ファイルをコピーする

[ドキュメント] フォルダー内のファイル「ミニコンサートのお知らせ」と「音符の絵」をデスクトップにコピーします。

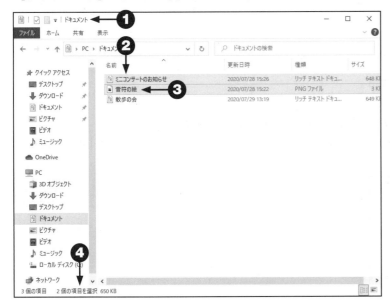

❶ [ドキュメント] のフォルダーウィンドウが表示されていることを確認します。

❷ ファイル一覧の [ミニコンサートのお知らせ] をクリックします。

❸ **Ctrl**キーを押しながら [音符の絵] をクリックします。

❹ 「2個の項目を選択」と表示されていることを確認します。

💡 ヒント
複数のファイルを選択するには
複数のファイルを同時に選択するには、1つ目のファイルをクリックして選択した後、2つ目以降のファイルを**Ctrl**キーを押しながらクリックします。

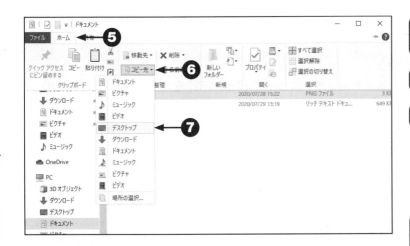

❺ [ホーム] タブをクリックしてリボンを表示します。

❻ [整理] の [コピー先] ボタンをクリックします。

❼ 一覧から [デスクトップ] をクリックします。

❽ ファイル「ミニコンサートのお知らせ」と「音符の絵」がデスクトップにコピーされます。

❾ [ドキュメント] フォルダーにファイル「ミニコンサートのお知らせ」と「音符の絵」が残っていることを確認します。

❿ 閉じるボタンをクリックします。

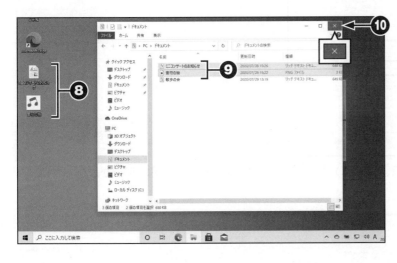

≫ [ドキュメント] のフォルダーウィンドウが閉じます。

💡 ヒント
ドラッグ操作でコピーするには
2つのファイルが選択されている状態で、どちらかのファイルを**Ctrl**キーを押しながら、デスクトップへドラッグします。ファイルアイコンの上に [2] と表示され、「＋デスクトップへコピー」とポップアップ表示されたら、マウスのボタンから指を離し、次に**Ctrl**キーから指を離します。

新しいフォルダーの作成

フォルダーは、自分で作成することができます。ファイルを整理して見つけやすくするために、フォルダーにはわかりやすい名前を付けます。関連したデータを複数のフォルダーに分ける場合には、関連性がわかるように番号を付けたり、名前の一部を同じにしておくと便利です。

新しいフォルダーは次のような方法で作成できます。

■フォルダーウィンドウのクイックアクセスツールバーの[新しいフォルダー]ボタンを使う

フォルダーを作成したい場所のフォルダーウィンドウを開き、クイックアクセスツールバーの[新しいフォルダー]ボタンをクリックします。

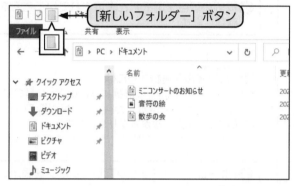

■ショートカットメニューの[新規作成]コマンドを使う

フォルダーを作成したい場所で右クリックし、ショートカットメニューの[新規作成]をポイントして、[フォルダー]をクリックします。

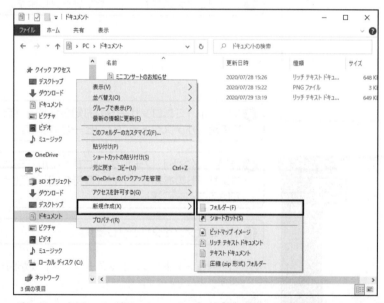

どちらの方法でも新しいフォルダーが作成され、「新しいフォルダー」というフォルダー名の文字が反転表示されるので、フォルダー名を上書き入力します。

操作☞ 新しい空のフォルダーを作成する

デスクトップに「イベント」という名前のフォルダーを作りましょう。

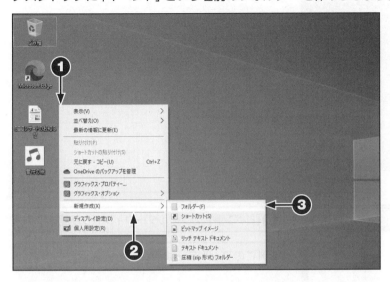

> ❶ デスクトップで右クリックします。

> ❷ ショートカットメニューの［新規作成］をポイントします。

> ❸ ［フォルダー］をクリックします。

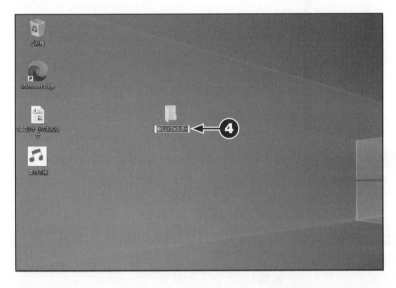

> ❹ フォルダーが作成され、「新しいフォルダー」という名前が反転表示されます。

> 💡 ヒント
> **フォルダー名の入力**
> フォルダー名の文字が反転表示されているときは編集可能で、文字が選択されている状態です。フォルダー名を入力すると文字が上書きされます。確定しているフォルダー名を編集可能な状態にするには、フォルダーを右クリックし、ショートカットメニューの［名前の変更］をクリックします。

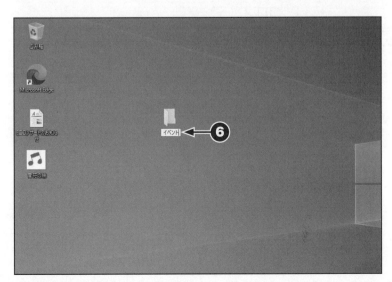

> ❺ タスクバーの A をクリックするか、**半角/全角**キーを押して日本語入力モードをオン あ にします。

> ❻ 「イベント」と入力し、**Enter**キーを押します。

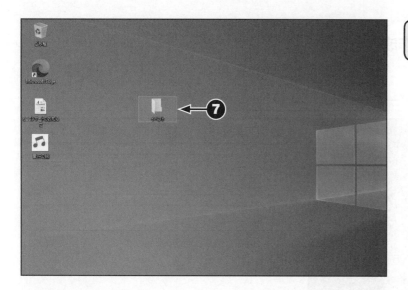

⑦ [イベント] フォルダーのアイコンをダブルクリックします。

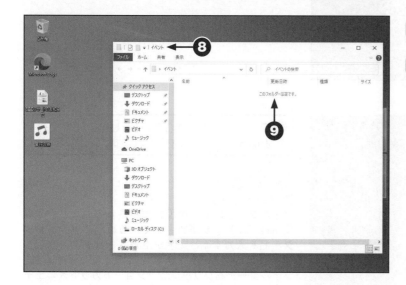

⑧ [イベント] のフォルダーウィンドウが開きます。

⑨ 「このフォルダーは空です。」と表示されます。

💡 **ヒント** **ファイル名やフォルダー名に使用できない文字について**

ファイル名やフォルダー名には、次の半角記号は使用できません。

/	スラッシュ	*	アスタリスク	|	縦棒
¥	円記号	?	疑問符	:	コロン
<>	不等号	"	ダブルクォーテーション		

操作☞ フォルダーにファイルを入れる

. . . .

デスクトップのファイル「ミニコンサートのお知らせ」と「音符の絵」を [イベント] フォルダーに移動します。

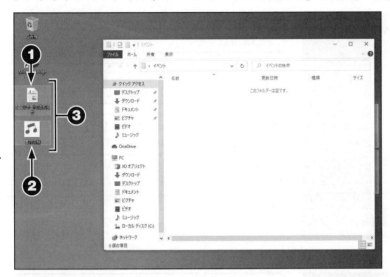

❶ デスクトップの [ミニコンサートのお知らせ] をクリックします。

❷ Ctrlキーを押しながら [音符の絵] をクリックします。

❸ 2つのファイルが同時に選択されていることを確認します。

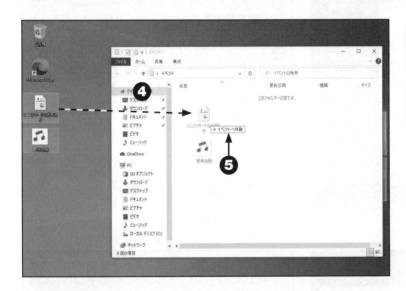

❹ [ミニコンサートのお知らせ] または [音符の絵] を [イベント] のフォルダーウィンドウにドラッグします。

❺ 「→イベントへ移動」とポップアップ表示されたら、マウスのボタンから指を離します。

❻ ファイル「ミニコンサートのお知らせ」と「音符の絵」が [イベント] のフォルダーウィンドウに移動します。

❼ デスクトップにファイル「ミニコンサートのお知らせ」と「音符の絵」がなくなったことを確認します。

❽ 閉じるボタンをクリックします。

≫ [イベント] のフォルダーウィンドウが閉じます。

操作 👉 フォルダーをコピーする

[イベント] フォルダーを [ドキュメント] フォルダーにコピーしましょう。

❶ タスクバーの [エクスプローラー] をクリックします。

❷ エクスプローラーが起動し、[クイックアクセス] のフォルダーウィンドウが開きます。

❸ ナビゲーションウィンドウの [PC] の下の [ドキュメント] をクリックします。

❹ [ドキュメント] のフォルダーウィンドウに切り替わります。

❺ デスクトップの [イベント] アイコンが見えるように、[ドキュメント] のフォルダーウィンドウのタイトルバーをドラッグして、ウィンドウを移動します。

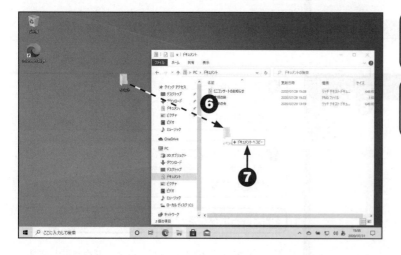

❻ デスクトップの [イベント] フォルダーを [ドキュメント] のフォルダーウィンドウ内に**Ctrl**キーを押しながらドラッグします。

❼ 「+ドキュメントへコピー」とポップアップ表示されたら、マウスのボタンから指を離し、次に**Ctrl**キーから指を離します。

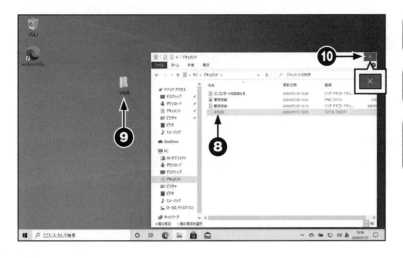

⑧ [ドキュメント] のフォルダーウィンドウに [イベント] フォルダーがコピーされます。

⑨ デスクトップに [イベント] フォルダーが残っていることを確認します。

⑩ 閉じるボタンをクリックします（閉じるボタンが見えない場合は、タイトルバーをドラッグしてフォルダーウィンドウを移動します）。

》 [ドキュメント] のフォルダーウィンドウが閉じます。

💡 ヒント　**[クイックアクセス]にコピー元のファイルやフォルダーがある場合**

[クイックアクセス] のフォルダーウィンドウの [よく使用するフォルダー] や [最近使用したファイル] の一覧にコピー元のファイルやフォルダーがある場合は、そのアイコンをナビゲーションウィンドウのコピー先のフォルダーにドラッグします。**Ctrl**キーを押す必要はありません。[クイックアクセス] のウィンドウ内のファイルやフォルダーを、ナビゲーションウィンドウのフォルダーへドラッグすると、移動ではなくコピーが行われます。

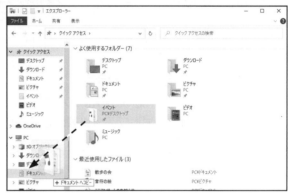

⭐ 参考　**USBメモリやCD、DVDにファイルをコピーするには**

USBメモリや書き込み可能なCD、DVDメディアをパソコンにセットします。目的のファイルやフォルダーを右クリックし、ショートカットメニューの [送る] をポイントして、[USBドライブ] や [DVD RWドライブ] などを選択します。

コピーできたことを確認するには、エクスプローラーのナビゲーションウィンドウの [PC] をクリックし、コピー先のドライブをダブルクリックします。フォルダーウィンドウが表示され、ファイル一覧で確認できます。

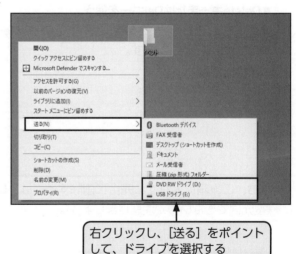

右クリックし、[送る] をポイントして、ドライブを選択する

ファイルやフォルダーの削除

要らなくなったファイルやフォルダーは「ごみ箱」を使って削除します。

ごみ箱はデスクトップにある特殊なフォルダーです。要らなくなったファイルやフォルダーを入れると削除できます。ごみ箱に入れたファイルやフォルダーは一時的に保管され、ごみ箱を空にして完全に削除するまではハードディスクに残るため、ファイルやフォルダーが後で必要になった場合は、いつでも元に戻せます。

ごみ箱が空の状態　　　ごみ箱にファイルやフォルダーが入っている状態

ファイルやフォルダーをごみ箱に捨てるには、次のような方法があります。

■ [ごみ箱] アイコンにドラッグする

ファイルやフォルダーを [ごみ箱] アイコンにドラッグし、「→ごみ箱へ移動」とポップアップ表示されたら、マウスのボタンから指を離します。

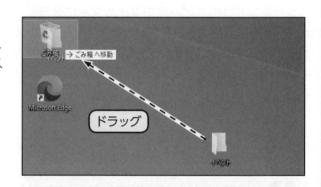

■ DeleteキーまたはDelキーを使う

ファイルやフォルダーをクリックして選択し、Deleteキーまたは**Del**キーを押します。

なお、ごみ箱に入れずに完全に削除するには、**Shift**キーを押しながら、**Delete**キーまたは**Del**キーを押します（復元はできないので注意しましょう）。

操作 👉 フォルダーをごみ箱に捨てる

デスクトップの [イベント] フォルダーをごみ箱に捨てましょう。

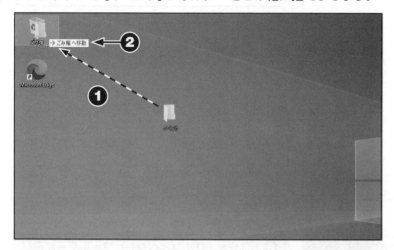

❶ デスクトップの [イベント] フォルダーをドラッグして、[ごみ箱] アイコンに重ねます。

❷ 「→ごみ箱へ移動」とポップアップ表示されたら、マウスのボタンから指を離します。

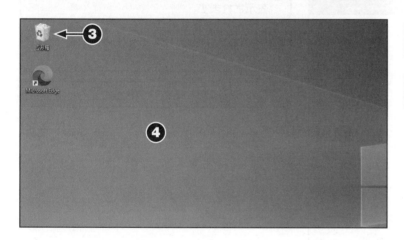

❸ [ごみ箱] アイコンがごみの入っている状態に変わります。

❹ デスクトップに [イベント] フォルダーがなくなったことを確認します。

操作 👉 ごみ箱に入れたフォルダーを元の位置に戻す

ごみ箱に入れた [イベント] フォルダーをデスクトップへ戻しましょう。

❶ デスクトップの [ごみ箱] アイコンをダブルクリックします。

❷ [ごみ箱] のフォルダーウィンドウが開きます。

❸ [イベント] フォルダーが入っていることを確認して、クリックします。

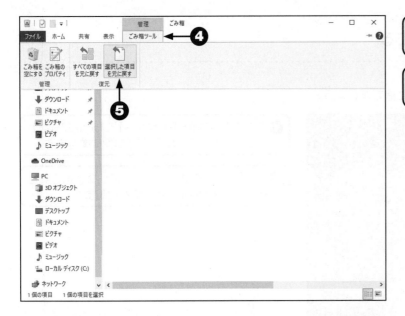

❹[管理]の[ごみ箱ツール]タブをクリックしてリボンを表示します。

❺[復元]の[選択した項目を元に戻す]ボタンをクリックします。

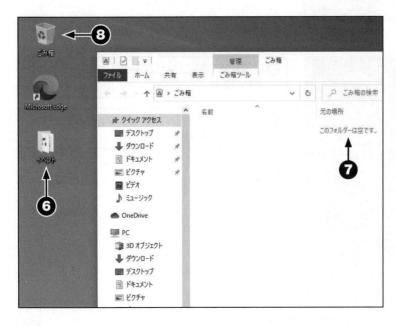

❻デスクトップに[イベント]フォルダーが再び表示されます。

❼[ごみ箱]のフォルダーウィンドウに「このフォルダーは空です。」と表示されます。

❽[ごみ箱]アイコンが空の状態に変わります。

≫ ✕ 閉じるボタンをクリックして、[ごみ箱]のフォルダーウィンドウを閉じます。

💡 ヒント　**ごみ箱のすべての項目を元に戻すには**

[ごみ箱]のフォルダーウィンドウで、[管理]の[ごみ箱ツール]タブの[復元]の[すべての項目を元に戻す]ボタンをクリックします。

デスクトップの［イベント］フォルダーをごみ箱に入れた後、ごみ箱を空にしましょう。

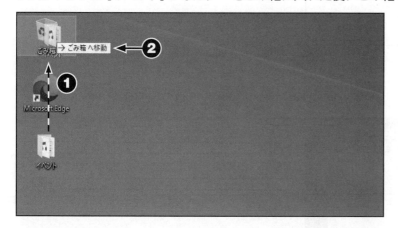

❶ デスクトップの［イベント］フォルダーをドラッグして、［ごみ箱］アイコンに重ねます。

❷「→ごみ箱へ移動」とポップアップ表示されたら、マウスのボタンから指を離します。

❸ ［ごみ箱］アイコンをダブルクリックします。

❹ ［ごみ箱］のフォルダーウィンドウが開きます。

❺ ［イベント］フォルダーが入っていることを確認します。

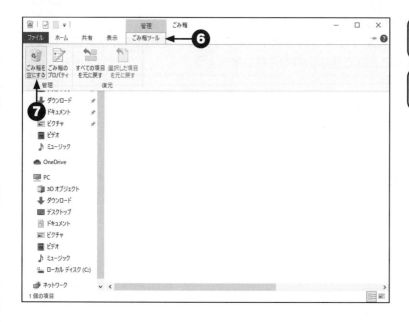

❻ ［管理］の［ごみ箱ツール］タブをクリックしてリボンを表示します。

❼ ［管理］の［ごみ箱を空にする］ボタンをクリックします。

⑧「このフォルダーを完全に削除しますか?」というメッセージが表示されます。

⑨[はい] をクリックします。

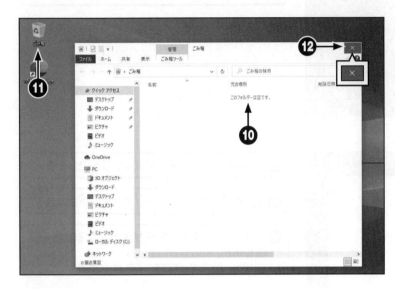

⑩「このフォルダーは空です。」と表示されます。

⑪[ごみ箱] アイコンも空の状態になります。

⑫閉じるボタンをクリックします。

≫ [ごみ箱] のフォルダーウィンドウが閉じます。

💡 **ヒント**

[ごみ箱] のフォルダーウィンドウを開かずにごみ箱を空にするには

[ごみ箱] アイコンを右クリックし、ショートカットメニューの [ごみ箱を空にする] をクリックします。

💡 **ヒント　その他の削除方法**

ファイルやフォルダーを削除するには次のような方法もあります。

・ファイルやフォルダーを右クリックし、ショートカットメニューの [削除] をクリックする。

・フォルダーウィンドウでファイルやフォルダーを選択し、[ホーム] タブの [整理] の ✖削除▾ [削除] ボタンをクリックする ([削除ボタン] の▼をクリックし、[完全に削除] をクリックすると、ごみ箱に入らずに完全に削除される)。

💡 **ヒント　ごみ箱に入らないファイルやフォルダーについて**

USBメモリのような外部記憶メディアやCD-RWなどの別ドライブのファイルやフォルダーを削除すると、ごみ箱に入れる操作であっても完全に削除されます。復元することはできないので注意しましょう。

ショートカットの作成

よく使うファイルやフォルダーは、デスクトップにショートカットを作っておくと便利です。
ハードディスク内のフォルダーやサブフォルダーを探すことなく、すぐに必要なファイルを参照できます。

ショートカットとは、別フォルダーや別ファイルへの参照（リンク）の役割を持つ「仮のアイコン」のことです。
ショートカットアイコンがあれば、1回ダブルクリックするだけで目的のファイルやフォルダーを開くことができます。たとえば、よく使う文書のショートカットアイコンをデスクトップに作成しておくと、1回ダブルクリックするだけで目的の文書をすぐに開くことができます。

■ショートカットが作成できる項目とアイコンについて

ショートカットは、ファイルやフォルダー以外にも、ドライブやプログラムなど、アイコンを持つ項目であれば作成できます。ショートカットのアイコンには、元のファイルやフォルダーなどのアイコンの左下に 📁 矢印が付加されて表示されるため、簡単に区別することができます。

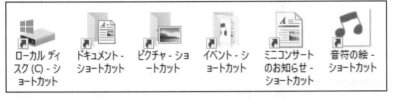

■ショートカットの作成方法

デスクトップに作成する場合は、ファイルやフォルダーを右クリックし、ショートカットメニューの［送る］をポイントして、［デスクトップ（ショートカットを作成）］をクリックします。

任意の場所に作成する場合は、ファイルやフォルダーを作成場所まで、マウスの右ボタンを押しながらドラッグします。表示されるショートカットメニューの［ショートカットをここに作成］をクリックします。

操作 👉 ショートカットを作成する

デスクトップに［イベント］フォルダーへのショートカットを作成します。

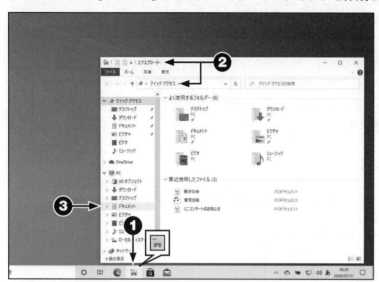

❶ タスクバーの［エクスプローラー］をクリックします。

❷ エクスプローラーが起動し、［クイックアクセス］のフォルダーウィンドウが開きます。

❸ ナビゲーションウィンドウの［PC］の下の［ドキュメント］をクリックします。

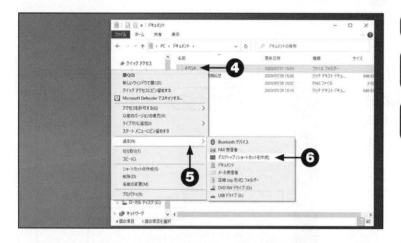

❹ ［イベント］フォルダーを右クリックします。

❺ ショートカットメニューの［送る］をポイントします。

❻ ［デスクトップ（ショートカットを作成）］をクリックします。

❼ デスクトップに［イベント-ショートカット］アイコンができます。

≫ ｜ × ｜閉じるボタンをクリックして、［ドキュメント］のフォルダーウィンドウを閉じます。

操作 👉 ショートカットを使う

ショートカットを使って、[イベント] フォルダーを開きましょう。

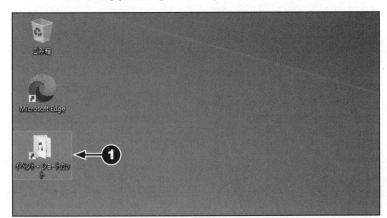

❶デスクトップの [イベント-ショートカット] アイコンをダブルクリックします。

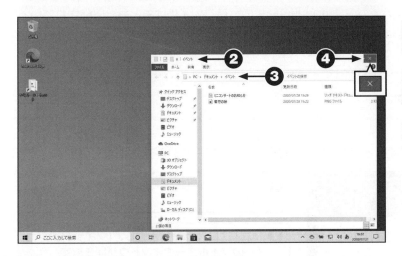

❷[イベント] のフォルダーウィンドウが開きます。

❸アドレスバーには、「 ▶ PC ▶ ドキュメント▶ イベント」と表示されます。

❹閉じるボタンをクリックします。

≫ [イベント] のフォルダーウィンドウが閉じます。

💡 ヒント **デスクトップ以外の場所にショートカットを作成するには**

ショートカットを作成したいファイルやフォルダーなどを右クリックし、ショートカットメニューの [ショートカットの作成] をクリックします。現在の場所にショートカットアイコンが作成されるので、それを目的の場所に移動します。また、ショートカット作成の一連の操作は右ドラッグで行うこともできます。

💡 ヒント **ショートカットの削除**

ショートカットのアイコンを削除しても、元の位置にあるファイルやフォルダー、アプリなどは削除されません。ショートカットが持っている情報は、元のファイルなどへのリンク情報のみだからです。

ヒント **表現上のショートカットの違いについて**

「ショートカット」という表現を使用する場合が頻繁にあるので、整理して覚えておきましょう。通常は以下のような
意味があります。

- **ショートカットアイコン**

  アプリやファイル、フォルダーなどを別の場所からすばやく開くためのアイコン

- **ショートカットメニュー**

  項目を右クリックすると表示されるコマンドメニューの一覧

- **ショートカットキー**

  コマンドの実行が割り当てられたキーボードのキーの組み合わせ

  例：**Ctrl**＋**C**キーでコピー、**Ctrl**＋**V**キーで貼り付け

圧縮フォルダーの使用

電子メールなどに添付するために、複数のファイルを1つにまとめたいときは、「圧縮フォルダー」にします。
ファイルの種類によっては容量が格段に小さくなります（JPEG形式の写真ファイルはもともと圧縮されている
ため小さくなりません）。Windows 10には、Zip形式の圧縮フォルダーを作成する機能が搭載されています。

操作 圧縮フォルダーを作成する

ドキュメントのファイル「ミニコンサートのお知らせ」と「散歩の会」を圧縮フォルダー［お知らせ］にまとめます。

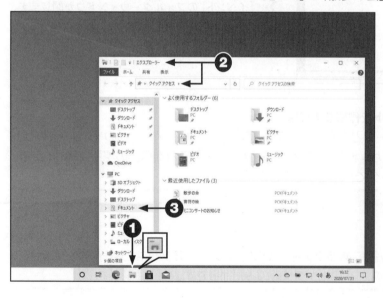

❶ タスクバーの［エクスプローラー］をクリック
します。

❷ エクスプローラーが起動し、［クイックアクセ
ス］のフォルダーウィンドウが開きます。

❸ ナビゲーションウィンドウの［PC］の下の［ド
キュメント］をクリックします。

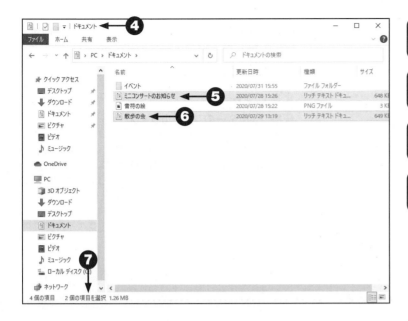

④[ドキュメント] のフォルダーウィンドウに切り替わります。

⑤[ミニコンサートのお知らせ] をクリックします。

⑥**Ctrl**キーを押しながら [散歩の会] をクリックします。

⑦「2個の項目を選択」と表示されていることを確認します。

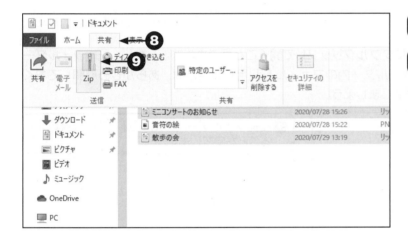

⑧[共有] タブをクリックしてリボンを表示します。

⑨[送信] の [Zip] ボタンをクリックします。

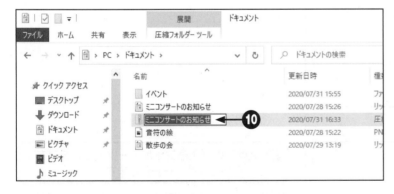

⑩圧縮フォルダーが作成され、フォルダー名が反転表示されます。

💡 ヒント

圧縮フォルダーのフォルダー名
複数のファイルを選択している場合、圧縮フォルダーのフォルダー名は、最初に選択したファイルのファイル名になります。

- - - - - - - - - - - - - - - - - -

⑪「お知らせ」と入力し、**Enter**キーを押します。

⓬ファイル「ミニコンサートのお知らせ」、「散歩の会」が圧縮フォルダー［お知らせ］にまとまります。

💡 ヒント

圧縮フォルダーのファイルサイズ
このサンプルの場合、ファイル「ミニコンサートのお知らせ」のファイルサイズは648KB、「散歩の会」は649KBで、合計すると1297KBです。2つのファイルをまとめた圧縮フォルダー「お知らせ」は45KBなので、2つのファイルの合計より小さくなっていることが確認できます。

操作👉 圧縮フォルダーを展開する

圧縮フォルダーは、通常のフォルダーと同じようにダブルクリックして開くことができます。しかし、圧縮フォルダーのままでは使えないコマンドが多いため、圧縮フォルダー内のファイルを利用する場合は、あらかじめ展開しておくと便利です。圧縮フォルダーをデスクトップへ展開しましょう。

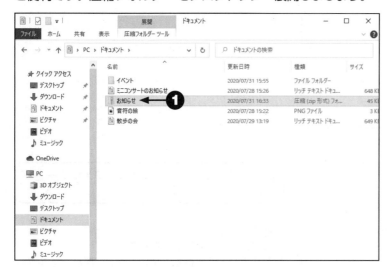

❶圧縮フォルダー［お知らせ］が選択されていることを確認します。

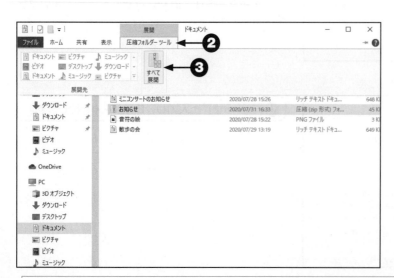

❷［展開］の［圧縮フォルダーツール］タブをクリックしてリボンを表示します。

❸［すべて展開］ボタンをクリックします。

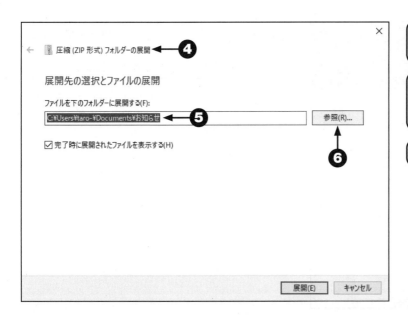

④ [圧縮（ZIP形式）フォルダーの展開] 画面が
表示されます。

⑤ [ファイルを下のフォルダーに展開する] ボック
スに「C:¥Users¥ユーザー名¥Documents¥お
知らせ」と表示されていることを確認します。

⑥ [参照] をクリックします。

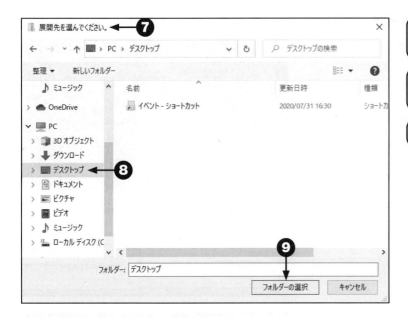

⑦ [展開先を選んでください。] ダイアログボック
スが表示されます。

⑧ ナビゲーションウィンドウの [デスクトップ]
をクリックします。

⑨ [フォルダーの選択] をクリックします。

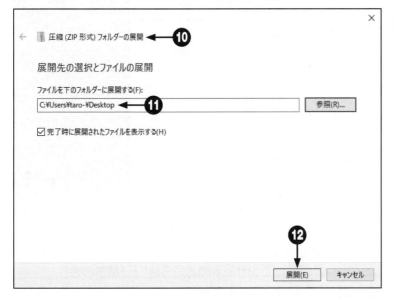

⑩ [圧縮（ZIP形式）フォルダーの展開] 画面に
戻ります。

⑪ [ファイルを下のフォルダーに展開する] ボッ
クスに「C:¥Users¥ユーザー名¥Desktop」
と表示されていることを確認します。

⑫ [展開] をクリックします。

💡 ヒント

ファイルのパス
手順⑪で表示されるファイルの場所の英数字の文字
列を「パス」といいます。上位のフォルダーから「¥」
で区切って表示されます。たとえば「C:¥Users¥taro-
¥Desktop」は、ハードディスク（C）の「Users」とい
うフォルダーの中の「taro-」（ユーザー名）フォルダー
の中の「Desktop」フォルダーを意味します。

⓭ 圧縮フォルダー［お知らせ］がデスクトップ
に展開され、ファイル「ミニコンサートのお知
らせ」と「散歩の会」が表示されます。

≫ ✕ 閉じるボタンをクリックして、［デスク
トップ］と［ドキュメント］のフォルダーウィンド
ウを閉じます。

💡 **ヒント** **ショートカットメニューを使った圧縮と展開**

ファイルやフォルダーを右クリックして表示されるショートカット
メニューを使っても、ファイルやフォルダーの圧縮や展開ができ
ます。デスクトップのファイルやフォルダーを圧縮、展開するとき
などに便利です。

圧縮フォルダーを作成するには、ファイルを選択し、右クリックし
て、ショートカットメニューの［送る］をポイントし、［圧縮 (zip形
式) フォルダー］をクリックします。

なお、複数ファイルを選択している場合、この方法で圧縮フォル
ダーを作成すると、フォルダー名は、右クリックしたファイルの
ファイル名になります。フォルダー名はP.113の⓾、⓫の手順で
変更できます。

圧縮フォルダーを展開するには、圧縮フォルダーを右クリックし、
ショートカットメニューの［すべて展開］をクリックします。前ペー
ジの手順❹の［圧縮 (ZIP形式) フォルダーの展開］画面が表示され
るので、❺以降の手順で展開先を選んで展開します。

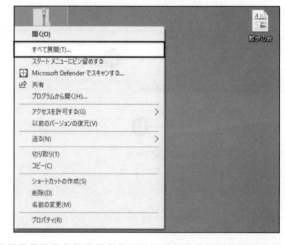

※次の演習のために次の項目をごみ箱に捨て、ごみ箱を空にしましょう。
・デスクトップの［イベント-ショートカット］アイコン、ファイル「ミニコンサートのお知らせ」と「散歩の会」
・［ドキュメント］フォルダー内の圧縮フォルダー［お知らせ］、［イベント］フォルダー

ファイルやフォルダーを探すには

Windows 10には、目的のファイルやフォルダーを見つけるために、さまざまな検索機能が搭載されています。

Windows 10 の検索機能には次のようなものがあります。

■[ここに入力して検索]ボックスを使う

[ここに入力して検索]ボックスをクリックすると、[最近のアクティビティ]に最近使用したファイルの一覧が表示され、クリックすると関連するアプリが起動してファイルが開きます。

また、[ここに入力して検索]ボックスにキーワードを入力すると、コンピューター内のファイルやアプリ、Webが同時に検索され、検索結果が表示されます。クリックすると関連するアプリが起動してファイルが開いたり、Webページが表示されたりします。

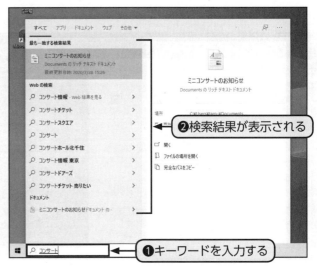

■フォルダーウィンドウの[検索]ボックスを使う

フォルダーウィンドウの右上にある[検索]ボックスに文字を入力して、ファイル名や文書内などにその文字を含むファイルやフォルダーを検索することができます。

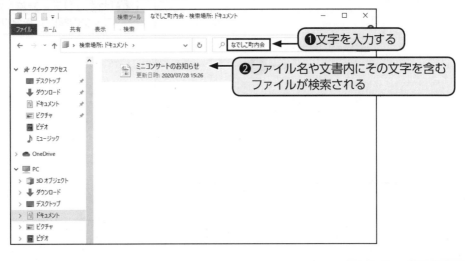

[ここに入力して検索] ボックスをクリックして表示される [最近のアクティビティ] から、ファイル [ミニコンサートのお知らせ] を開きましょう。

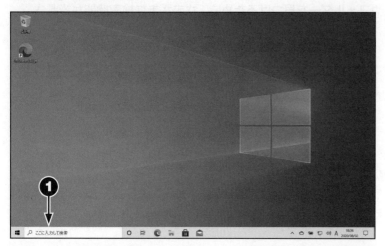

❶タスクバーの [ここに入力して検索] ボックスをクリックします。

❷[最近のアクティビティ] の一覧から [ミニコンサートのお知らせ.rtf] をクリックします。

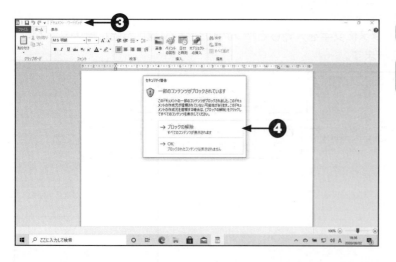

❸ワードパッドが起動します。

❹[セキュリティ警告] が表示された場合は [ブロックの解除] をクリックします。

⑤ファイル「ミニコンサートのお知らせ」が表示
されます。

》》 ×閉じるボタンをクリックして、ワードパッ
ドを閉じます。

💡 **ヒント** **ファイルを履歴から探すその他の方法**

■タスクビューの履歴から探す

タスクバーの 🗔 [タスクビュー] をクリックすると、過去に作業したアプリやファイル、表示したWebサイトの履歴
が時系列で表示されます。ファイルをクリックすると関連するアプリが起動してファイルが開きます。

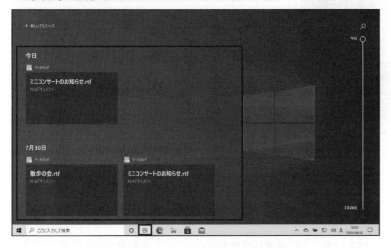

■エクスプローラーの[クイックアクセス]から開く

タスクバーの 📁 [エクスプローラー] をクリックしてエクスプローラーを起動します。[クイックアクセス] のフォル
ダーウィンドウの [最近使用したファイル] に、最近使用したファイルの一覧が表示されます。ファイルをダブルク
リックすると、関連するアプリが起動してファイルが開きます。

[ここに入力して検索] ボックスを使って、「コンサート」というキーワードを含むファイルやフォルダーを検索し、検索結果からファイル「ミニコンサートのお知らせ」を開きましょう。

❶タスクバーの [ここに入力して検索ボックス] をクリックします。

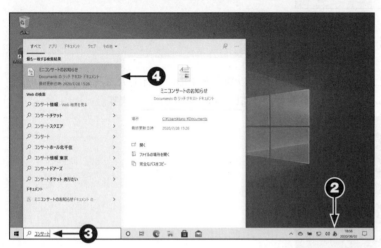

❷タスクバーの A をクリックするか、半角/全角キーを押して日本語入力モードをオン あ にします。

❸「コンサート」と入力します。

❹検索結果が表示され、[最も一致する検索結果] に「ミニコンサートのお知らせ」が表示されるので、クリックします。

》 ワードバッドが起動します。

》 [セキュリティ警告] が表示された場合は [ブロックの解除] をクリックします。

》 ファイル「ミニコンサートのお知らせ」が表示されます。

》 ✕ 閉じるボタンをクリックして、ワードバッドを閉じます。

💡 ヒント **[最も一致する検査項目]**
ファイルを検索した場合、[最も一致する検査項目] には、検査結果の中の更新日が最も新しいファイルが表示されます。

💡 ヒント **ファイルの場所**
検索結果の右側には、選択されているファイルの保存されている場所や最終更新日時が表示されます。[ファイルの場所を開く] をクリックすると、ファイルの保存されているフォルダーが開きます。

操作👉 ファルダーウィンドウの [検索] ボックスを使う

フォルダーウィンドウの [検索] ボックスでは、ファイル名やフォルダー名で検索できるほか、ファイルの内容に含まれる文字列でも検索できます。[ドキュメント] フォルダーのファイルの中から「なでしこ町内会」という文字列を含むファイルを検索し、開きましょう。

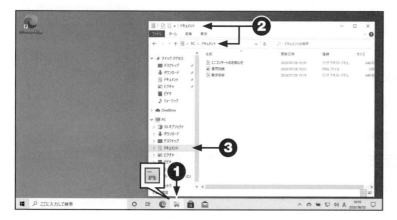

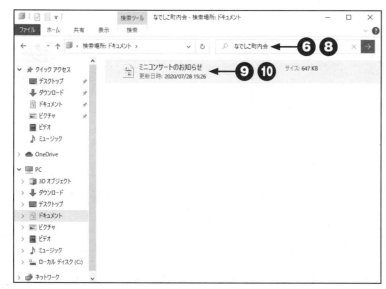

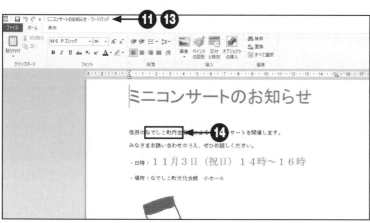

❶ タスクバーの [エクスプローラー] をクリックします。

❷ エクスプローラーが起動し、[クイックアクセス] のフォルダーウィンドウが開きます。

❸ ナビゲーションウィンドウの [PC] の下の [ドキュメント] をクリックします。

❹ [ドキュメント] のフォルダーウィンドウに切り替わります。

❺ ファイルの一覧に3つのファイルが表示されていることを確認します。

❻ [ドキュメントの検索] ボックスをクリックします。

❼ タスクバーの A をクリックするか、半角/全角キーを押して日本語入力モードをオン あ にします。

❽ 「なでしこ町内会」と入力し、Enterキーを押します。

❾ ファイルの一覧に「ミニコンサートのお知らせ」が表示されます。

💡 ヒント

[検索] タブ

フォルダーウィンドウで検索すると、リボンに [検索ツール] の [検索] タブが表示されます。このタブのボタンを使って、更新日や分類、サイズなどで検索結果を絞り込んだり、検索結果を閉じたりすることができます。

- -

❿ 「ミニコンサートのお知らせ」をダブルクリックします。

⓫ ワードパッドが起動します。

⓬ [セキュリティ警告] が表示された場合は [ブロックの解除] をクリックします。

⓭ ファイル「ミニコンサートのお知らせ」が表示されます。

⓮ 文書内に「なでしこ町内会」の文字列があることを確認します。

≫ × 閉じるボタンをクリックして、ワードパッドを閉じます。

≫ × 閉じるボタンをクリックして、[なでしこ町内会-検索場所:ドキュメント] ウィンドウを閉じます。

この章の確認

- ☐ ファイルとフォルダーの違いがわかりますか？
- ☐ エクスプローラーを起動できますか？
- ☐ 目的のフォルダーを開いてファイルを一覧表示できますか？
- ☐ フォルダーウィンドウのファイルの表示形式を変えられますか？
- ☐ ファイルやフォルダーの移動やコピーができますか？
- ☐ 新しいフォルダーを作成できますか？
- ☐ ファイルやフォルダーを削除できますか？
- ☐ ファイルやフォルダーのショートカットをデスクトップに作成できますか？
- ☐ ファイルを圧縮フォルダーにまとめられますか？
- ☐ 圧縮フォルダーを展開できますか？
- ☐ ファイルやフォルダーを検索できますか？

復習問題 **問題 3-1**

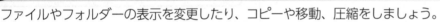

ファイルやフォルダーの表示を変更したり、コピーや移動、圧縮をしましょう。

1. エクスプローラーを起動しましょう。

2. ハードディスクの空き容量を調べましょう。

3. [ドキュメント] のフォルダーウィンドウを開き、大アイコンの表示形式にし、ファイルの拡張子を表示しましょう。

4. [ドキュメント] フォルダーのファイル「音符の絵」を [ピクチャ] フォルダーにコピーしましょう。

5. [ドキュメント] フォルダーに「コンサート」という名前の新しいフォルダーを作成し、ファイル「ミニコンサートのお知らせ」と「音符の絵」を移動しましょう。

6. デスクトップに [コンサート] フォルダーへのショートカットを作成しましょう。

7. [ピクチャ] フォルダーのファイル「音符の絵」をごみ箱に入れた後、ごみ箱を空にしましょう。

8. [ドキュメント] フォルダーの [コンサート] フォルダーを圧縮しましょう。

9. ファイル名に「コンサート」という語句を含むファイルやフォルダーを検索しましょう。

※問題終了後に、[ドキュメント] フォルダーの表示形式を詳細表示にし、ファイルの拡張子を非表示にします。[ドキュメント] フォルダーの圧縮フォルダー [コンサート] とデスクトップの [コンサート - ショートカット] アイコンを削除します。

第4章

Windows 10 の
設定の変更

Windows 10の設定を変更するには

Windows 10の設定の変更は、主に [Windowsの設定] 画面で行います。

[Windowsの設定] 画面は、[スタート] メニューの [設定] をクリックすると表示されます。「システム」、「デバイス」、「ネットワークとインターネット」、「個人用設定」などのカテゴリに分類され、代表的な項目がカテゴリの下に表示されます。設定したい項目を見つけるには、カテゴリから探す方法と、[設定の検索] ボックスにキーワードを入力して検索する方法があります。

■カテゴリから探す

設定したい項目のカテゴリがわかっている場合は、カテゴリをクリックします。画面が切り替わり、左側に設定できる項目の一覧、右側に左側の一覧で選択している項目の詳細な設定項目が表示されます。

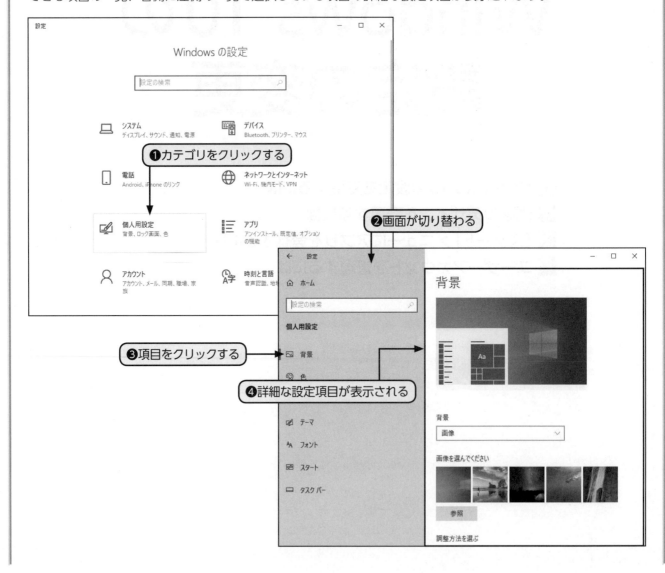

■ [設定の検索] ボックスを利用する

設定したい項目に関連するキーワードを [Windowsの設定] 画面の [設定の検索] ボックスに入力すると、該当する設定事項が検索されます。クリックすると、その事項の詳細設定画面が表示されます。

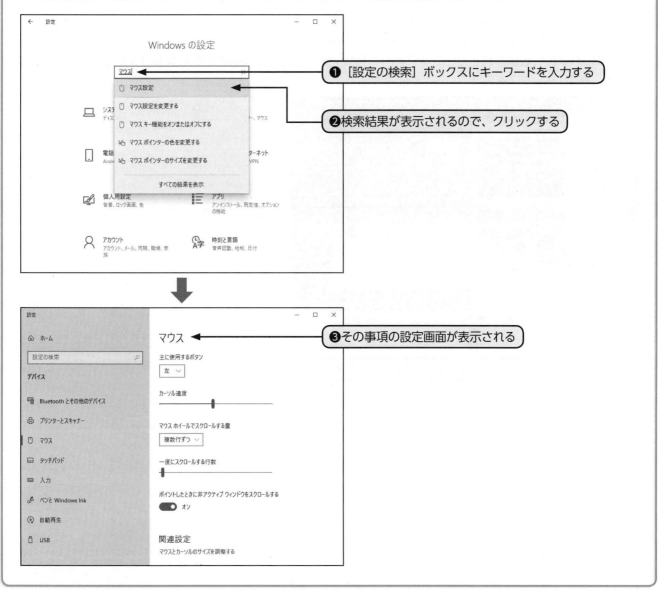

❶ [設定の検索] ボックスにキーワードを入力する

❷ 検索結果が表示されるので、クリックする

❸ その事項の設定画面が表示される

ヒント

コントロールパネルの表示

従来のWindowsと同様に、「コントロールパネル」という画面で各種の設定を行うこともできます。

コントロールパネルを表示するには、[スタート] ボタンをクリックし、[スタート] メニューが表示されたら、スクロールバーを使用して「W」で始まるアプリの一覧から [Windowsシステムツール] をクリックします。[Windowsシステムツール] の一覧が表示されるので、[コントロールパネル] をクリックします。

コントロールパネルに表示されるカテゴリや項目は「Windowsの設定」画面とは少し異なりますが、カテゴリやその下の項目、[検索] ボックスを使って、設定画面を表示できます。

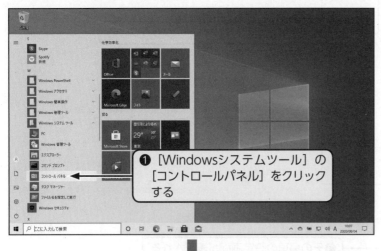

❶ [Windowsシステムツール] の [コントロールパネル] をクリックする

❷ [コントロールパネル] が表示される

画面のデザインを変更するには

デスクトップの背景、ウィンドウや [スタート] メニューのアイコンの色などは、[Windowsの設定]
画面の「個人用設定」で変更することができます。

デスクトップの背景の変更

デスクトップの背景は、登録されている画像や任意の写真、好きな色に変更できます。

操作👉 デスクトップの背景を変更する

デスクトップの背景を、登録されている画像に変更してみましょう。

❶[スタート] ボタンをクリックします。

❷[スタート] メニューが表示されます。

❸[設定] をクリックします。

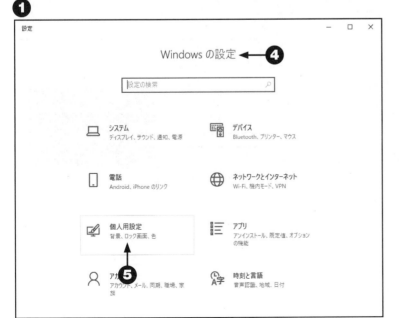

❹[Windowsの設定] 画面が表示されます。

❺[個人用設定] をクリックします。

💡 **ヒント**

[個人用設定] 画面の表示
デスクトップを右クリックし、ショートカットメニュー
の [個人用設定] をクリックしても、[個人用設定] 画
面を表示できます。

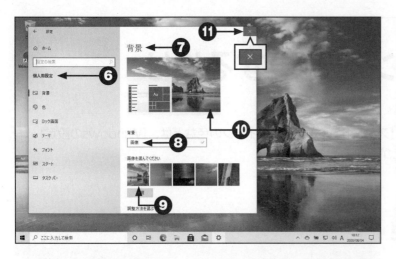

⑥ [個人用設定] 画面に切り変わります。

⑦ [背景] が表示されます。

⑧ [背景] ボックスに [画像] と表示されていることを確認します。

⑨ [画像を選んでください] の一覧から任意の画像をクリックします。

⑩ 画面上部のプレビューと [個人用設定] 画面の後ろのデスクトップの背景画像が変更されます。

⑪ [個人用設定] 画面の閉じるボタンをクリックします。

⑫ [個人用設定] 画面が閉じます。

⑬ デスクトップの背景画像が変更されていることを確認します。

≫ 変更が確認できたら、デスクトップの背景を元の画像（上図の [個人用設定] 画面の [背景] の [画像を選んでください] の左から2番目の画像）に戻しておきます。

💡 ヒント

背景の画像

　[個人用設定] 画面の [背景] の [背景] ボックスをクリックすると、[画像] の他に [単色]、[スライドショー] が表示されます。[単色] を選択すると、[背景色の選択] の一覧が表示され、背景を単色に指定できます。[スライドショー] を選ぶと、複数の画像を選択して指定した時間で切り替えて表示することができます。画像は [スライドショーのアルバムを選ぶ] の [参照] ボタンをクリックし、表示される [フォルダーの選択] ダイアログボックスで画像の入ったフォルダーを選択します。

⭐ 参考

ロック画面の背景

Windows起動時に表示されるロック画面は、初期値では「Windows スポットライト」が設定されていて、インターネットを利用して、背景が自動的に変更されます。

デスクトップと同様に任意の背景に変更するには、前ページからこのページの①～⑥の手順で [個人用設定] 画面を表示し、[ロック画面] をクリックします。[ロック画面] の [背景] ボックスをクリックし、一覧から [画像] を選択すると、[画像を選んでください] の一覧や [参照] ボタンが表示され、画像を選択できるようになります。

ウィンドウの色の変更

［個人用設定］画面の［色］を変更すると、ウィンドウの色やコマンドの選択色、［スタート］メニューのアイコンの色などが変更されます。

操作👉 ウィンドウの色を変更する

ウィンドウの色などを任意の色に変更しましょう。

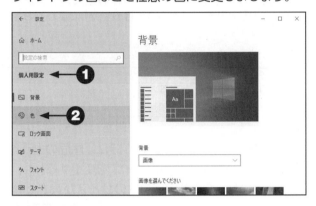

❶ P.127～P.128の❶～❻の手順で［個人用設定］画面を表示します。

❷［色］をクリックします。

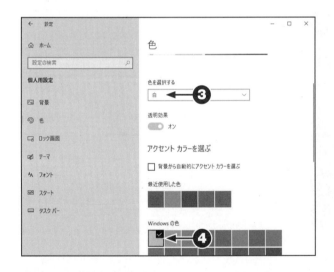

❸［色］が表示されます。

❹［アクセントカラーを選ぶ］の［Windowsの色］の一覧から任意の色をクリックします。

❺ 画面上部のプレビューの［スタート］メニューのアイコンと「サンプルテキスト」と表示されているウィンドウの枠の色が変わります。

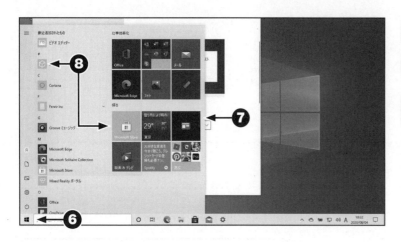

❻ [スタート] ボタンをクリックします。

❼ [スタート] メニューが表示されます。

❽ [スタート] メニューのアイコンの色が変わっていることを確認します。

≫ 変更が確認できたら、■ [スタート] ボタンをクリックするか、[スタート] メニュー以外の場所をクリックして、[スタート] メニューを閉じます。
色を元の色（[個人用設定] 画面の [色] の [アクセントカラーを選ぶ] の [Windowsの色] にある [既定の青]（上から3番目の左端）に戻しておきます。

⭐ **参考　画面のサイズを変更するには**

画面の文字が小さくて見づらい場合は、次の2つの方法でサイズを変更することができます

■テキスト、アプリ、その他の項目のサイズを変更する

P.127の❶～❹の手順で [Windowsの設定] 画面を表示し、[システム] をクリックします。[システム] 画面の [ディスプレイ] が表示されます。[拡大縮小とレイアウト] の [テキスト、アプリ、その他の項目のサイズを変更する] ボックスをクリックして、[125%] をクリックします。[システム] 画面が拡大され、文字やアイコンのサイズが大きくなります。

■解像度を変更する

ディスプレイの解像度（広さ）はドット数（ピクセル）で表します。解像度を変更すると、文字や表示されるウィンドウなどのサイズが変わります。

P.127の❶～❹の手順で［Windowsの設定］画面を表示し、［システム］をクリックします。［システム］画面の［ディスプレイ］が表示されます。［拡大縮小とレイアウト］の［ディスプレイの解像度］ボックスをクリックし、一覧から解像度を選択します。「ディスプレイの設定を維持しますか？」という確認メッセージが表示されたら、［変更の維持］をクリックします。なお、［解像度］ボックスに表示される解像度は使用しているコンピューターやモニターによって異なります。

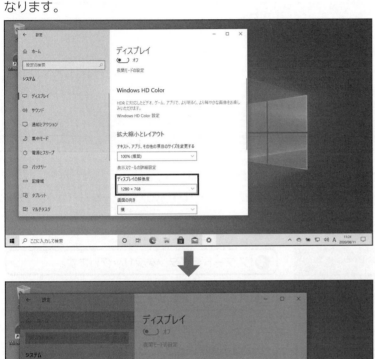

[スタート]メニューに
アプリを登録するには

仕事などで常に使用するアプリは、[スタート]メニューにタイルを表示して、クリックするだけすぐに起動できるようにしておくと便利です。

アプリのピン留め

[スタート]メニューにアプリのタイルを登録する機能を「ピン留め」といいます。

操作 👉 アプリを[スタート]メニューにピン留めする

ワードパッドとペイントを[スタート]メニューにピン留めしてみましょう

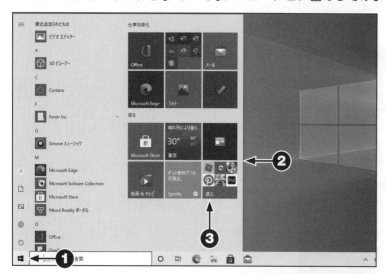

❶[スタート]ボタンをクリックします。

❷[スタート]メニューが表示されます。

❸右側のタイルの一覧にワードパッドとペイントのタイルが表示されていないことを確認します。

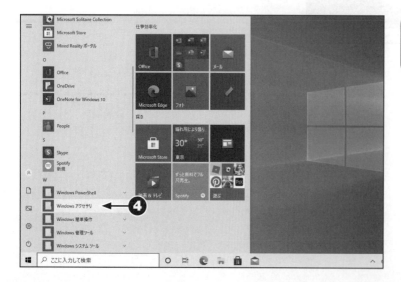

❹スクロールバーを使用して、「W」で始まるアプリの一覧から[Windowsアクセサリ]を表示し、クリックします。

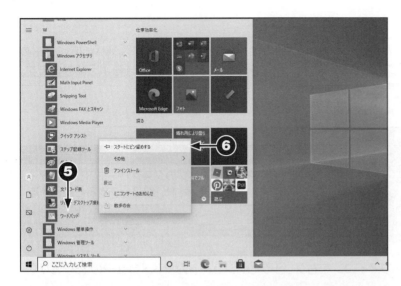

⑤ [Windowsアクセサリ]の一覧が表示されるので、スクロールバーを使用して[ワードパッド]を表示し、右クリックします。

⑥ ショートカットメニューの[スタートにピン留めする]をクリックします。

💡 **ヒント**

最近使ったファイル

アプリを右クリックして表示されるショートカットメニューの[最近]には、最近使ったファイルの一覧が表示されます。クリックするとアプリが起動してファイルが開きます。

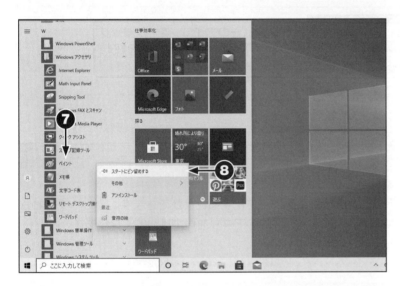

⑦ 同様に[Windowsアクセサリ]の[ペイント]を右クリックします。

⑧ ショートカットメニューの[スタートにピン留めする]をクリックします。

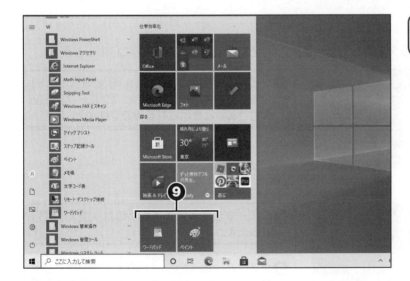

⑨ [スタート]メニューのタイルの一覧にワードパッドとペイントのタイルが表示されます。

💡 **ヒント** **[スタート]メニュー**

　[スタート]メニューのサイズやタイルの位置はディスプレイの解像度によって異なります。また、[スタート]メニューの上端や右端をドラッグするとサイズを変更することができます。

前ページの手順❻および❽で表示されるショートカットメニューの [その他] をポイントして [タスクバーにピン留めする] をクリックすると、アプリのアイコンがタスクバーに表示され、クリックするだけで起動できるようになります。

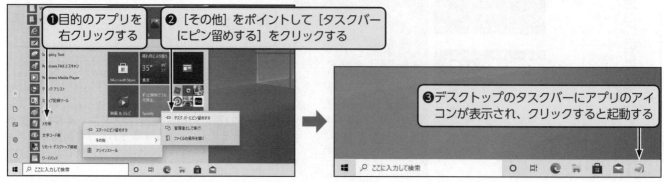

タスクバーのアイコンを削除するには、タスクバーのアイコンを右クリックし、ショートカットメニューの [タスクバーからピン留めを外す] をクリックします。

タスクバーのアイコンを右クリックし、[タスクバーからピン留めを外す] をクリックすると削除される

グループの作成

[スタート] メニューのタイルは、同じカテゴリでまとめてグループ化することができます。グループにわかりやすい名前を付けて、操作しやすい位置に配置しておくと、目的のアプリを見つけやすくなります。

操作 👉 グループを作成する

[スタート] メニューのワードパッドとペイントのタイルを「仕事用アプリ」という名前のグループにしましょう。

❶タイルの一覧の [ワードパッド] と [ペイント] の上の空白をポイントすると [グループに名前を付ける] と表示されるのでクリックします。

❷グループ名を入力するためのボックスが表示されます。

❸タスクバーの入力モードのボタン A をクリックするか、半角/全角キーを押して日本語入力モードを あ にします。

❹「仕事用アプリ」と入力します。

❺Enterキーを押します。

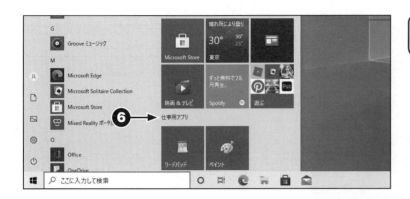

⑥ワードパッドとペイントのタイルの上に「仕事用アプリ」と表示されます。

操作 👉 グループを移動する

[仕事用アプリ] グループを一番上に移動しましょう。

❶ [仕事用アプリ] をポイントし、右側に二重線が表示されたら、一番上にドラッグします。

❷ [仕事用アプリ] が一番上に表示されたら、マウスのボタンから指を離します。

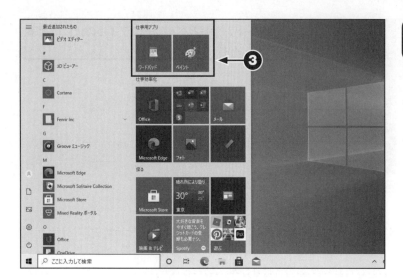

❸ [仕事用アプリ] グループのワードパッドとペイントのタイルも一緒に移動します。

操作 👉 タイルを移動する

[仕事用アプリ] グループにメールのタイルを移動しましょう。

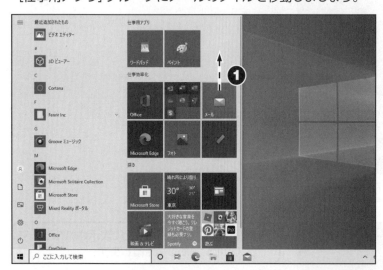

❶ [仕事効率化] グループの [メール] を [仕事用アプリ] グループの [ペイント] の右にドラッグします。

❷ [仕事用アプリ] グループに [メール] のタイルが移動します。

タイルやグループの削除

追加したタイルやグループは不要になったら [スタート] メニューのタイルの一覧から削除することも可能です。
グループのタイルが削除されたり、移動されたりして、すべてなくなるとグループは自動的に削除されます。

操作 タイルやグループを削除する

[仕事用アプリ] グループのワードパッドとペイントのタイルを削除しましょう。メールのタイルを元の位置に移動し
ましょう。

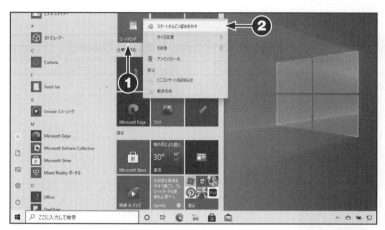

❶[仕事用アプリ] グループの [ワードパッド]
を右クリックします。

❷ショートカットメニューの [スタートからピン
留めを外す] をクリックします。

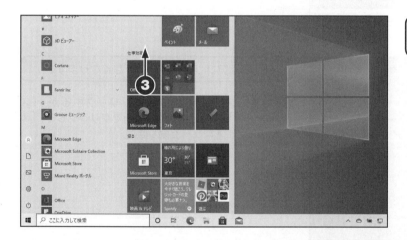

❸[仕事用アプリ] グループのワードパッドのタ
イルがなくなります。

❹同様に [ペイント] を右クリックします。

❺ショートカットメニューの [スタートからピン
留めを外す] をクリックします。

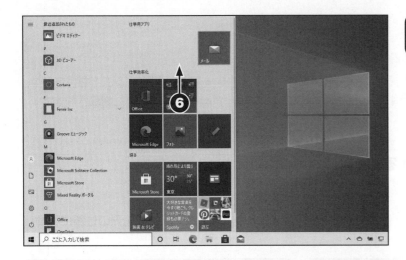

⑥[仕事用アプリ] グループの [ペイント] のタ
イルがなくなります。

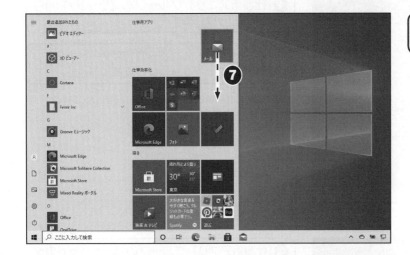

⑦[メール] を元の位置（[仕事効率化] グルー
プの一番上の右端）にドラッグします。

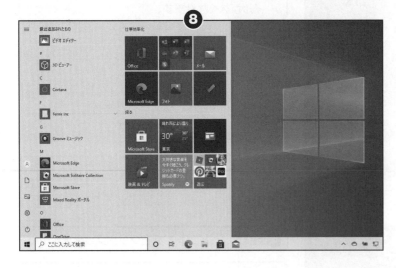

⑧[仕事用アプリ] グループがなくなります。

» ⊞ [スタート] ボタンをクリックするか、[ス
タート] メニュー以外の場所をクリックして、[ス
タート] メニューを閉じます。

ユーザーアカウントを管理するには

ユーザーアカウントとはコンピューターを利用するときに使用する名前とパスワードです。Windows 10は、起動時にこの名前とパスワードを入力してサインインすることで、使用できる状態になります。ここではユーザーアカウントの設定を変更したり、追加したりする方法を学習しましょう。

Windowsのユーザーアカウントには、「Microsoftアカウント」と「ローカルアカウント」の2種類があります。

■Microsoftアカウント

Windowsにサインインするためのメールアドレスとパスワードです。Microsoftアカウントを使用してサインインすると、コンピューターがクラウドに接続されて、連絡先情報が更新されたり、写真やファイルの共有が可能になります。また、別のコンピューターでサインインした場合でも、デスクトップの背景などのテーマ、ブラウザーのお気に入り、アプリなどの設定が同期され、同じ状態で使うことができます。
Microsoftアカウントは必要な情報を入力するだけで無料で取得することができます。

■ローカルアカウント

1台のコンピューターのみにアクセスできるアカウントです。コンピューターをマイクロソフトのクラウドに接続することはできず、コンピューター間での設定の同期はされません。

 **ヒント　クラウド**

データをインターネット上に保存する仕組みやサービスのことを「クラウド」といいます。Microsoftアカウントを取得すると、マイクロソフトのクラウドに接続して、Outlook.com（メール）、OneDrive（クラウドストレージ）、Microsoft Store（Windowsアプリ）などが利用できるようになります。

パスワードの変更

Windows 10のセットアップ時に、Microsoftアカウントのメールアドレスに対応したパスワードと4桁以上の数字のみのPIN（暗証番号）を設定しています。これらのパスワードは変更することができます。

操作☞ PINを変更する

PIN（暗証番号）を変更しましょう。

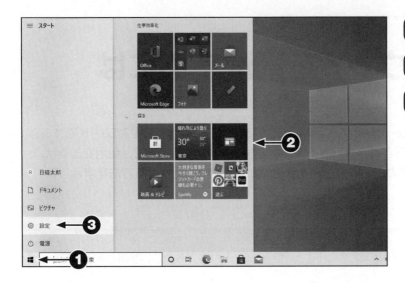

❶ [スタート] ボタンをクリックします。

❷ [スタート] メニューが表示されます。

❸ [設定] をクリックします。

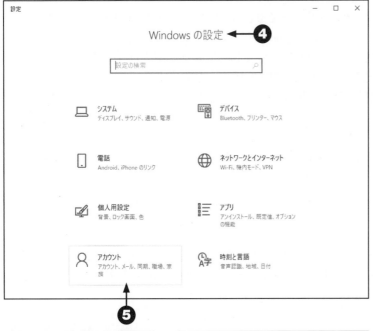

❹ [Windowsの設定] 画面が表示されます。

❺ [アカウント] をクリックします。

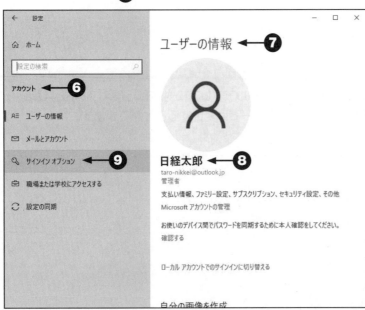

❻ [アカウント] 画面に切り替わります。

❼ [ユーザーの情報] が表示されます。

❽ 現在のユーザー名、メールアドレス、アカウントの種類が表示されるので確認します。

❾ [サインインオプション] をクリックします。

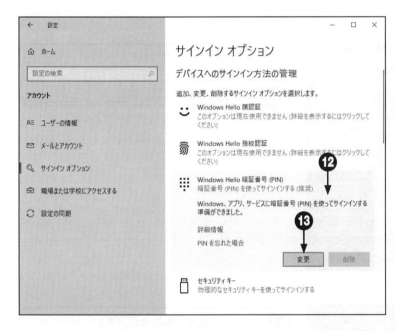

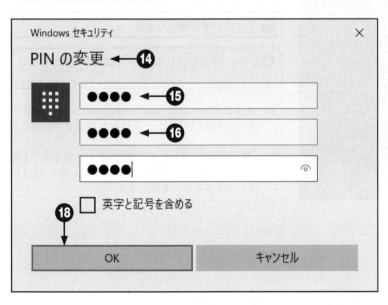

⓾ [サインインオプション] が表示されます。

⓫ [デバイスへのサインイン方法の管理] の [Windows Hello 暗証番号（PIN）] をクリックします。

⭐ 参考

その他のサインイン方法

[サインインオプション] には、PINの他に、顔認証や指紋認証などもあります。これらの設定には顔認証対応カメラや指紋スキャナーがコンピューターに付属している必要があります。

⓬ 「Windows、アプリ、サービスに暗証番号を（PIN）を使ってサインインする準備ができました。」と表示されます。

⓭ [変更] をクリックします。

⓮ [PINの変更] 画面が表示されます。

⓯ [PIN] ボックス（一番上のボックス）に現在の暗証番号を入力します。

⓰ [新しいPIN] ボックス（真ん中のボックス）に新しい暗証番号（4桁以上の数字）を入力します。

⓱ [PINの確認] ボックス（一番下のボックス）に同じ暗証番号を入力します。

⓲ [OK] をクリックします。

💡 ヒント

暗証番号に英字と記号を含める

PINの暗証番号は初期値では4桁以上の数字です。[英字と記号を含める] チェックボックスをオンにすると、英字と記号を含めて設定できるようになります。英字の大文字と小文字は区別されます。

» ×閉じるボタンをクリックして、[アカウント] 画面を閉じます。

変更したPINでサインインできることを確認しましょう。

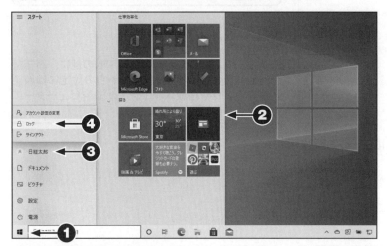

❶[スタート] ボタンをクリックします。

❷[スタート] メニューが表示されます。

❸[アカウント] をクリックします。

❹[ロック] をクリックします。

❺ロック画面が表示されます。

❻任意の場所をクリックします。

❼サインイン画面が表示されます。

❽ユーザー名を確認します。

❾[PIN] ボックスに変更した暗証番号を入力します。

≫ サインインして、[スタート] メニューが表示された状態のデスクトップ画面が表示されます。

≫ ▣ [スタート] ボタンをクリックするか、[スタート] メニュー以外の場所をクリックして、[スタート] メニューを閉じます。

Microsoftアカウントのパスワードを変更するには

Windowsセットアップ時に設定したMicrosoftアカウントのパスワードを変更するには、P.140の❶～❻の手順で、[アカウント] 画面を表示します。[ユーザーの情報] の [Microsoftアカウントの管理] をクリックすると、MicrosoftアカウントのWebページが表示されます。[その他のアクション] の [パスワードを変更する] をクリックし、現在のパスワードでサインインした後、パスワードを変更します。

[アカウント] 画面の [ユーザーの情報]

❶ [Microsoftアカウントの管理] をクリック

[Microsoftアカウント] のWebページ

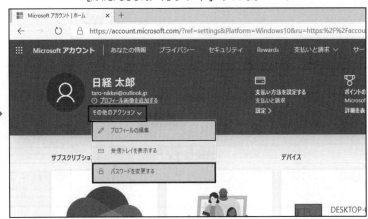

❷ [その他のアクション] をクリックし、[パスワードを変更する] をクリック

※サインインしていない状態の場合は、この画面の前に表示される画面でサインインします。

[パスワードの入力] 画面

❸現在のパスワードを入力し、[サインイン] をクリック

[パスワードの変更] 画面

❹現在のパスワードと新しいパスワードを入力し、[保存] をクリック

(次ページへ続く)

[パスワードの入力] 画面   [セキュリティ] 画面

❺新しいパスワードを入力し、[サインイン] をクリック

❻ 「パスワードを変更する」 の最終更新日時が現在の日付になっていることを確認する

▸▸ ×閉じるボタンをクリックして、Webページを閉じます。

▸▸ ×閉じるボタンをクリックして、[アカウント] 画面を閉じます。

Microsoftアカウントのパスワードを変更すると、ユーザーアカウントのメールアドレスに 「Microsoftアカウントのパスワードの変更」 のメールが届きます。

 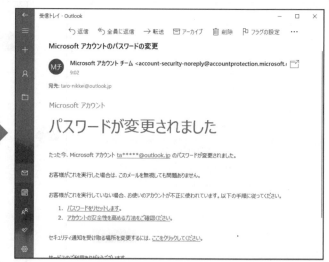

ユーザーアカウントの追加

ユーザーアカウントを追加すると、1台のコンピューターを複数の人と共同で使用することが可能になります。
ユーザーごとにデスクトップやアプリの設定、データの管理などを行い、独自の利用環境を作ることができます。

操作 Microsoftアカウントを追加する

新しいユーザーアカウントとして、Microsoftアカウントを追加しましょう。
なお、ここでは、取得済みのMicrosoftアカウントを使用するものとします。新規で取得する場合はP.149の「参考 Microsoft アカウントの取得」を参照してください。

❶ P.140の❶～❹の手順で［Windowsの設定］画面を表示します。

❷［アカウント］をクリックします。

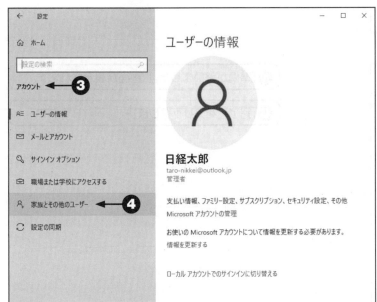

❸［アカウント］画面に切り替わります。

❹［家族とその他のユーザー］をクリックします。

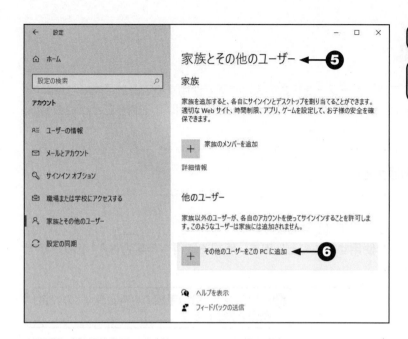

⑤[家族とその他のユーザー] が表示されます。

⑥[他のユーザー] の [その他のユーザーをこの
PCに追加] をクリックします。

⑦[このユーザーはどのようにサインインします
か?] 画面が表示されます。

⑧[メールアドレス] ボックスにメールアドレス
を入力します。

⑨[次へ] をクリックします。

💡 ヒント

本書の画面上のメールアドレスは架空のものです。
講習の際は講師の指定するアドレスを入力します。
一人で学習する場合は、P.149の「参考　Microsoft
アカウントの取得」を参照して、新規で取得してくだ
さい。

⑩[準備が整いました。] 画面が表示されます。

⑪[完了] をクリックします。

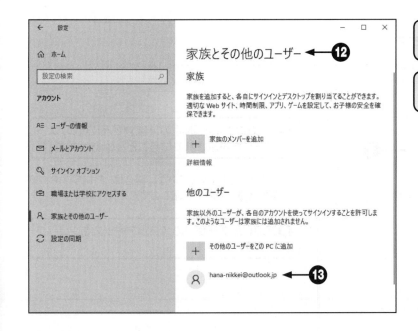

⑫ [アカウント] 画面の [家族とその他のユーザー] に戻ります。

⑬ [他のユーザー] に追加したユーザーのメールアドレスが表示されていることを確認します。

アカウントの種類

ユーザーアカウントには、「管理者」と「標準ユーザー」の2種類があります。管理者は、セキュリティも含めたすべての設定を変更する権限を持ち、他のユーザーのデータフォルダーにアクセスすることもできます。標準ユーザーは他のユーザーのデータを見たり、設定を変えることはできません。標準ユーザーがコンピューター全体にかかわる設定を変更するときは、管理者の許可が必要になります。

	管理者	標準ユーザー
アプリや周辺機器のインストール	○	×
システムの変更	○	△ (デスクトップの表示、フォルダーオプションの設定のみ可能)
ユーザーアカウントの作成や変更、削除	○	×
パスワードの変更、削除	○	△ (自分のパスワードのみ可能)
ファイルの利用	○	△ (自分の個人用フォルダーのみ可能)

※管理者アカウントの許可 (パスワードの入力) があれば、標準ユーザーでも上記以外の設定変更が可能。

Windows 10では、インストール時に登録したユーザーが管理者となり、追加したユーザーは標準ユーザーになります。種類は後から変更することも可能です。

追加したアカウントの種類を確認しましょう。

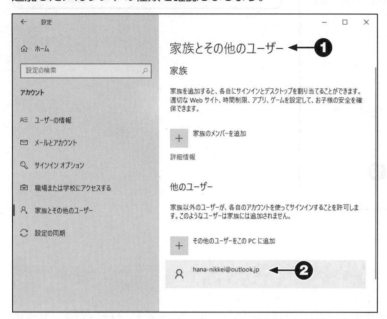

❶[アカウント]画面の[家族とその他のユーザー]が表示されていることを確認します。

※この画面が表示されていない場合は、P.145～P.146の❶～❺の手順で表示します。

❷追加したユーザーのメールアドレスをクリックします。

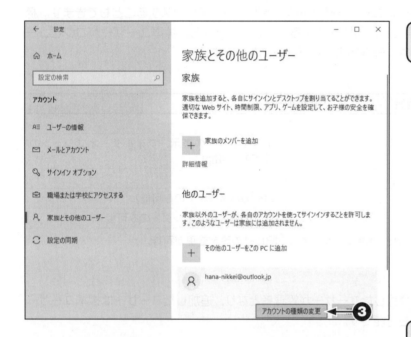

❸[アカウントの種類の変更]が表示されるのでクリックします。

❹[アカウントの種類の変更]画面が表示されます。

❺[アカウントの種類]ボックスに「標準ユーザー」が選択されていることを確認します。

❻[キャンセル]をクリックします。

💡 ヒント

アカウントの種類の変更
[アカウントの種類]ボックスをクリックし、[管理者]をクリックします。

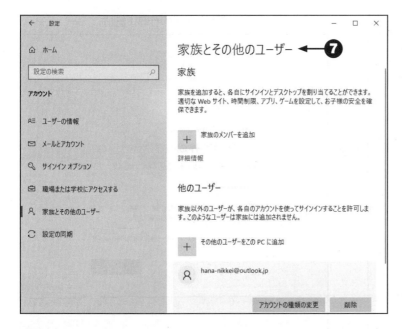

❼［アカウント］画面の［家族とその他のユーザー］に戻ります。

≫ ☒ ボタンをクリックして、［アカウント］画面を閉じます。

⭐参考 Microsoft アカウントの取得

Microsoft アカウントは、インターネットに接続している状態であれば、新規で取得することができます。
P.145〜P.146の❶〜❻の手順で、［このユーザーはどのようにサインインしますか？］画面を表示し、［このユーザーのサインイン情報がありません］をクリックし、続いて表示される画面で必要な情報を登録します。

［このユーザーはどのようにサインインしますか？］画面　　　　　　　　　　［アカウントの作成］画面

❶ ［このユーザーのサインイン情報がありません］を
　　クリック

❷ ［新しいメールアドレスを取得］をクリック

（次ページへ続く）

[アカウントの作成] 画面

[パスワードの作成] 画面

❸取得したいメールアドレスを入力し、[次へ] をクリック

❹パスワードを入力し、[次へ] をクリック

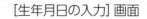

[お名前の入力] 画面

[生年月日の入力] 画面

❺姓と名を入力し、[次へ] をクリック

❻国/地域を確認し、生年月日を入力し、[次へ] をクリック

(次ページへ続く)

[セキュリティ情報の追加] 画面

❼国コードを確認し、携帯電話番号を入力し、[コードの送信] をクリック

❽携帯電話に送られてきたアクセスコードを入力し、[次へ] をクリック

[アカウント] 画面の [家族とその他のユーザー]

❾ユーザーが追加される

ユーザーを切り替えて、追加したアカウントでサインインしましょう。

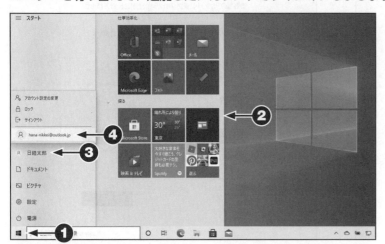

❶[スタート]ボタンをクリックします。

❷[スタート]メニューが表示されます。

❸[アカウント]をクリックします。

❹ユーザーの一覧が表示されるので、追加した
ユーザーのメールアドレスをクリックします。

❺サインイン画面が表示されます。

❻追加したユーザーのメールアドレスになって
いることを確認します。

❼[サインイン]をクリックします。

❽[パスワードの入力]画面が表示されます。

❾Microsoftアカウントのパスワードを入力し
ます。

≫ セットアップが始まります。「PINを作成します」
は[次へ]をクリックして設定します。「OneDrive
を使用してファイルをバックアップ」は[次へ]
をクリックするか、[このPCのみに保存する]を
クリックします。「デバイスのプライバシー設定
の選択」を読んで[同意]をクリックします。

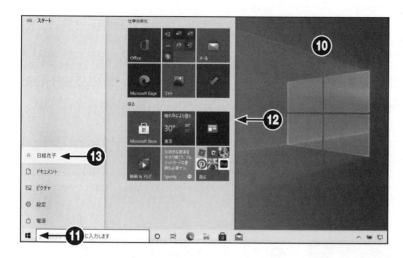

⑩ デスクトップ画面が表示されます。

⑪ [スタート] ボタンをクリックします。

⑫ [スタート] メニューが表示されます。

⑬ [アカウント] をポイントして表示されるユーザー名を確認します。

≫ ⊞ [スタート] ボタンをクリックするか、[スタート] メニュー以外の場所をクリックして、[スタート] メニューを閉じます。

ユーザーアカウントの削除

サインインしているユーザーのアカウントは削除できません。アカウントを削除するには、サインアウトした後で、別の管理者アカウントでサインインし、削除を実行します。

操作👉 サインアウトする

サインアウトして元のユーザーに戻りましょう。

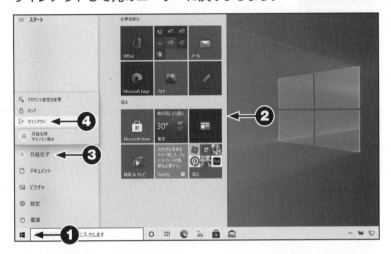

❶[スタート] ボタンをクリックします。

❷[スタート] メニューが表示されます。

❸[アカウント] をクリックします。

❹[サインアウト] をクリックします。

❺ロック画面が表示されるので、クリックします。

❻サインイン画面が表示されます。

❼元のユーザー名が表示されていることを確認します。表示されていない場合は左下のユーザー名の一覧から選択します。

❽[PIN] ボックスにPINを入力します。

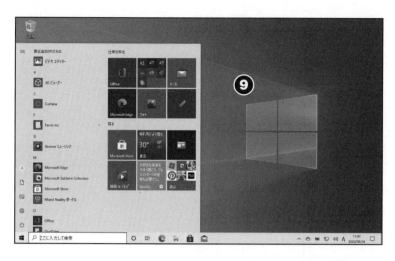

⑨サインインして、[スタート] メニューが表示された状態のデスクトップ画面が表示されます。

≫ ■ [スタート] ボタンをクリックするか、[スタート] メニュー以外の場所をクリックして、[スタート] メニューを閉じます。

💡 ヒント **ユーザーの切り替えとサインアウトの違い**

　[スタート] メニューの [アカウント] をクリックして表示される一覧からユーザー名やメールアドレスをクリックすると、現在使用中のユーザーがWindowsにサインインした状態で、他のユーザーアカウントにサインインすることができます。一方、[サインアウト] を選択すると、現在使用中のユーザーのアプリなどはすべて終了し、クラウドへの接続も終了します。

操作👉 **アカウントを削除する**

....

追加したアカウントを削除しましょう。

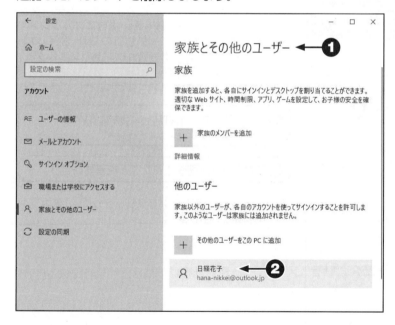

❶P.145〜P.146の❶〜❺の手順で [アカウント] 画面の [家族とその他のユーザー] を表示します。

❷追加したユーザーのユーザー名をクリックします。

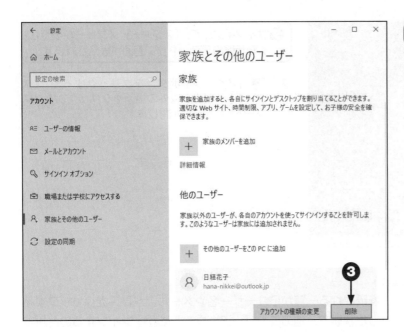

❸ [削除] が表示されるのでクリックします。

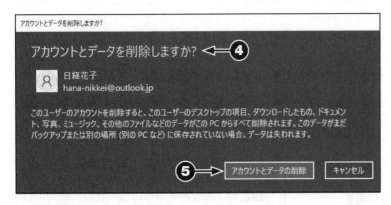

❹「アカウントとデータを削除しますか?」というメッセージが表示されます。

❺ [アカウントとデータの削除] をクリックします。

💡 **ヒント**

アカウントとデータの削除

アカウントを削除すると、このユーザーのデータが削除されます。データを残したい場合はアカウントを削除する前に必要なデータを別の場所(別のコンピューターや別のユーザーアカウントのフォルダー)などに保存しておきます。

- - - - - - - - - - - - - - - - - - - -

❻ [アカウント] 画面の [家族とその他のユーザー] に戻ります。

❼ アカウントが削除されたことを確認します。

≫ ☒ 閉じるボタンをクリックして、[アカウント] 画面を閉じます。

この章の確認

☐ Windowsの設定の変更方法が理解できましたか？

☐ デスクトップの背景を変更できますか？

☐ ウィンドウの配色を変更できますか？

☐ [スタート] メニューにアプリのタイルを追加できますか？

☐ タイルのグループ名を付けられますか？

☐ タイルやグループを移動できますか？

☐ タイルやグループを削除できますか？

☐ サインインする際のPINを変更できますか？

☐ ユーザーアカウントを追加できますか？

☐ ユーザーを切り替えてコンピューターを使うことができますか？

☐ ユーザーアカウントを削除できますか？

復習問題 問題 4-1

1. デスクトップの背景を任意のデザインに変更しましょう。

2. ウィンドウを任意の配色に変更しましょう。

3. 「Windowsアクセサリ」のWindows Media Playerとメモ帳を [スタート] メニューにピン留めしましょう。

4. Windows Media Playerとメモ帳のタイルを「よく使う」という名前のグループにして、一番上に移動しましょう。

5. [よく使う] グループにフォトのタイルを移動しましょう。

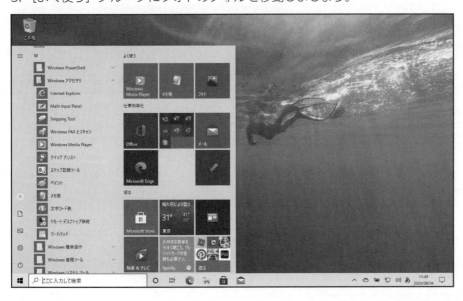

6. ［よく使う］グループのWindows Media Playerとメモ帳のタイルを削除しましょう。

7. ［よく使う］グループのフォトのタイルを元の位置（［Microsoft Edge］の右側）に移動しましょう。

8. デスクトップの背景とウィンドウの配色を元に戻しましょう。
   ※デスクトップの背景は［個人用設定］画面の［背景］の［画像を選んでください］の左から2番目の画像、
   ウィンドウの配色は［個人用設定］画面の［色］の［アクセントカラーを選ぶ］の［Windowsの色］にあ
   る［既定の色］（上から3番目の左端）

9. サインインの際のPINを変更してみましょう。

10. 任意の新しいユーザーアカウントを追加しましょう。

11. 追加したユーザーアカウントでサインインしましょう。

12. 追加したユーザーアカウントをサインアウトして、元のアカウントでサインインしましょう。

13. 追加したユーザーアカウントを削除しましょう。

第5章

インターネットの利用

インターネットとは

コンピューターとコンピューターを通信回線やケーブルを使って接続したものを「ネットワーク」といいます。インターネットとは、世界中の個々のネットワークを相互に接続したネットワークのことです。インターネットに接続すると、世界中のWebページに公開されている情報を検索して閲覧したり、提供されるさまざまなサービスを使用して、他の人と情報を共有したり、連絡やコミュニケーションを円滑に行ったり、仕事や生活、趣味に役立つツールとして利用することができます。

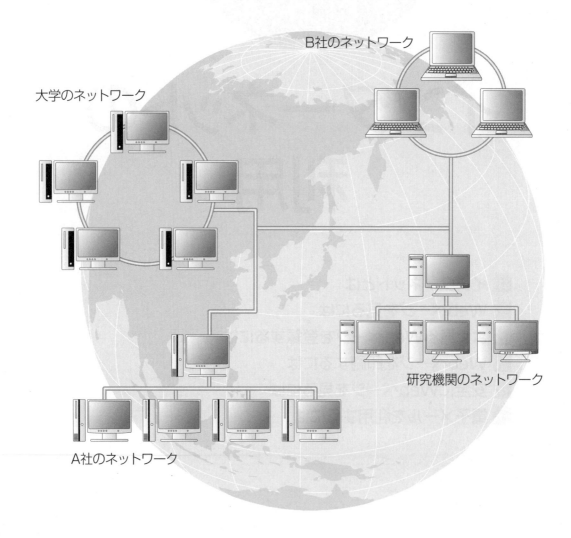

インターネットでできること

インターネットでできることは、大きく分けるとWeb（ウェブ）ページを見ることと電子メール（メール）を利用することです。

■Web

WebはWorld Wide Web（WWW）の略で、直訳すると「世界中に張り巡らされた蜘蛛の巣」という意味です。世界中のネットワークの中のさまざまな情報を自分のコンピューターで見たり、利用したりすることができるしくみと技術のことです。Webを利用したインターネット上の情報は、文字だけでなく、画像、動画、音声などの組み合わせで構成されており、これを「Webページ」といいます。Webページをまとめて公開したものが「Webサイト」です。Webページを見るには「ブラウザー」（Webブラウザー）と呼ばれるアプリが必要です。Webページには、さまざまな情報やサービスがあり、具体的には以下のようなことができます。

・情報の収集

キーワードを入力することで、膨大な数のWebサイトの中から目的のWebページを検索し、必要な情報を収集することができます。

・コミュニケーション

ブログという日記的なWebサイトで、情報や意見を発信できます。それを見た人がコメントを書くこともでき、コミュニケーションツールとして使用されています。現在では、SNS（Social Networking Service）と呼ばれる会員制サービスが普及していて、Facebook（フェイスブック）やLINE（ライン）などがあります。

・ネットショッピング

インターネット上の店（オンラインショップ）では、書籍、音楽、洋服、電化製品など、さまざまな商品が取り扱われ、写真や情報を閲覧して購入できます。また、インターネット上で個人が出品できるオークションやフリーマーケット（フリマ）もあり、取り扱う商品は新品に限らず中古から希少品までさまざまです。

・写真、音楽、動画の共有

写真、音楽や動画などを公開して他の人と共有することができます。写真を共有するサイトは、一般的に「Webアルバム」と呼ばれ、写真をダウンロードしたり、印刷の注文ができたりします。また、音楽、動画共有サイトとしては、無料で利用できるYouTube（ユーチューブ）が有名です。

・オンラインストレージの利用

インターネット上にデータを保存する領域を提供するオンラインストレージサービスを利用すると、インターネットにつながる環境ならどの場所でも保存しておいたデータにアクセスできます。外出先でデータを編集したり、複数の人とデータを共有したり、コンピューターのデータと同期をとれるサービスもあります。利用するには、オンラインストレージサービスのサイトで登録をします。無料と有料があり、保存容量や保存できる期間などの内容は提供する会社によって異なります。

■電子メール(E-mail)

電子メールとは、インターネットに接続されたコンピューター間やスマートフォンなどで手紙のようにメッセージのやりとりをするものです。電子メールを利用すると、相手がどれだけ離れた場所にいてもすぐにメッセージを送ったり受け取ったりできます。画像や音声ファイルなど、文字以外のファイルを送ることも可能です。また、一度に多くの人に送信することもできます。電話やFAXなどと同様のコミュニケーション手段として日常的に利用されています。電子メールは、メールアプリを使用して送受信する他、Webページ上でやりとりするWebメールを利用することもできます。

★ **参考** クラウド(クラウドコンピューティング)

データをインターネット上に保存するしくみやサービスのことを「クラウド」といいます。「クラウド」という呼び名は、ネットワーク、主にインターネットが雲の形で表されることに由来しています。

従来は自宅や会社のコンピューターや、会社内のネットワーク上にあるサーバーと呼ばれるコンピューターに保存していたデータを、インターネット上のWebサーバーに保存することにより、自宅や会社、外出先などさまざまな場所から、コンピューターや携帯電話、スマートフォンなどの機器を利用して、閲覧したり、編集したりできます。またデータは他の人と共有することもできるので、共同作業を行うことも可能です。

このデータを保存するサービスを「オンラインストレージ」といいます。Windows 10では、マイクロソフトのオンラインストレージサービスの「OneDrive」を標準で利用できます。クラウドには他に、メール、ワープロや表計算などのオンラインアプリを提供するサービスなどもあります。

💡 **ヒント** インターネットに接続するには

インターネットへの接続は、電話回線や光ファイバーケーブルなどの専用回線を使用し、インターネット接続を代行する会社(プロバイダー)を経由して行うのが一般的です。コンピューターと回線を接続する機器の設定を行い、プロバイダーとの契約が済んだら、コンピューターのインターネット接続の設定を行います。

Windows 10のセットアップ時に接続の設定を行いますが、接続の手順をスキップした場合や後から接続方法を確認したり、変更する場合には、画面に表示されるメッセージに従って操作するだけで簡単に設定できるインターネット接続ウィザードが利用できます。

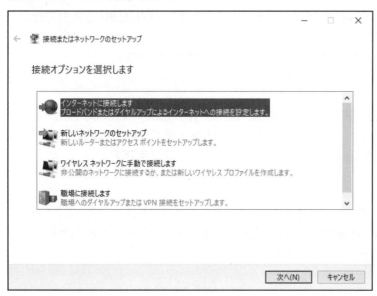

[接続またはネットワークのセットアップ] ウィザードを表示するには、[スタート] メニューの [設定] をクリックして表示される [Windowsの設定] 画面の [ネットワークとインターネット] をクリックします。[ネットワークとインターネット] 画面の [ダイアルアップ] をクリックして [新しい接続を設定する] をクリックします。上記のウィザードが表示されるので、画面の指示に従って必要な情報を入力し、設定を行います(なお、既にインターネットに接続されている環境では、ウィザードの次の画面に「既にインターネットに接続しています」と表示されます)。

Webページを見るには

Webページを閲覧するには、「ブラウザー」と呼ばれるアプリが必要です。ここでは、Windows 10に付属しているブラウザーアプリの「Microsoft Edge」を使って、Webページを表示します。

Microsoft Edgeの起動

Webページを表示するために、Microsoft Edgeを起動します。Windows 10では、Microsoft Edgeが標準ブラウザーアプリとして付属しています。Microsoft Edgeはセキュリティーに優れた新しいブラウザーです。従来のWindowsで使用されていたブラウザーの「Internet Explorer」も付属していますが、Internet Explorerは、主にMicrosoft Edgeには未対応のWebページを閲覧するときに使用します。

💡 ヒント　インターネットへの接続の確認
Microsoft EdgeでWebページを表示するには、あらかじめコンピューターがインターネットに接続されている必要があります。

操作👉 Microsoft Edgeを起動する

標準ブラウザーのMicrosoft Edgeを起動しましょう。
Microsoft Edgeの画面は最大化します。

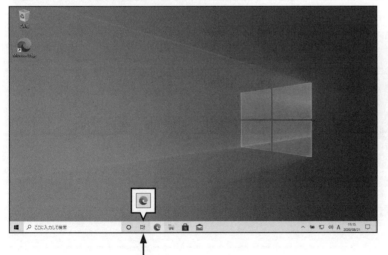

❶タスクバーの［Microsoft Edge］をクリックします。

💡 ヒント
Microsoft Edgeの起動
デスクトップの［Microsoft Edge］アイコンをダブルクリックしても、Microsoft Edgeを起動できます。

②Microsoft Edgeが起動し、ウィンドウが表示ます。

③[新しいタブ] が表示されていることを確認します。

≫ ウィンドウが最大化されていない場合は、□ 最大化ボタンをクリックして最大化します。

💡 ヒント　初めての起動時に表示される画面

Microsoft Edgeを初めて起動したときに、[新しいMicrosoft Edgeをご紹介します。] 画面が表示された場合は、[ダウンロード] をクリックして、表示される画面の指示に従って新しいMicrosoft Edgeをインストールします。

[新しいMicrosoft Edgeへようこそ] 画面が表示された場合は、[始める] をクリックして、画面の指示に従って設定します。

Microsoft Edgeの［新しいタブ］の画面です。操作するうえで基本となる各部の名称と役割について確認します。

❶  ［戻る］ボタン

　クリックすると、直前に表示されていたページが表示されます。押したままにすると履歴が表示されます。

❷ ［進む］ボタン

　クリックすると、［戻る］ボタンをクリックする前に表示されていたページが表示されます。押したままにすると履歴が表示されます。

❸ ［更新］ボタン

　クリックすると、Webページが再度読み込まれて、最新の内容が表示されます。

❹ アドレスバー

　Webページのアドレス（URL）を直接入力したり、キーワードを入力して検索することで、目的のWebページを表示することができます。

❺ タブ

　Webページの名前がタブに表示されます。タブは複数開くことができ、それぞれに別のWebページを表示できます。タブをクリックするとWebページの表示が切り替わります。

❻ ［お気に入り］ボタン

　クリックすると、［お気に入りの管理］、［重複するお気に入りの削除］のメニューが表示されます。

❼ ［コレクション］ボタン

　クリックすると作業ウィンドウが表示され、閲覧しているWebページやWebページ内の文字、画像を登録することができます。

❽ 👤 [個人] ボタン

クリックすると、サインインの状況を確認したり、サインインしたりできます。サインインしている状態で閲覧した履歴などの情報は、別のコンピューターでMicrosoft Edgeを起動してサインインしたときに同期されます。

❾ [...] [設定など] ボタン

クリックすると、[ズーム]、[お気に入り]、[履歴]、[印刷]、[ページ内の検索]、[設定] などのメニューが表示されます。

📖 **用語** URL (Uniform Resource Locator)

インターネット上のWebページの保存場所を示す住所のようなものです。「アドレス」ともいいます。URLを指定することで、目的のWebページを表示することができます。

Webページの表示

Webページには、個々に割り振られたアドレス (URL) があります。表示したいWebページのアドレスがわかる場合は、アドレスバーに直接入力して目的のWebページを表示します。
また、アドレスバーにキーワードを入力して検索し、目的のWebページを表示することもできます。

操作👉 アドレスを入力してWebページを表示する

アドレスバーにWebページのアドレスを入力し、目的のWebページを表示しましょう。
ここではマイクロソフトの検索エンジンである「Bing」のWebページを表示します。

❶アドレスバーにカーソルが表示されていることを確認します。

②タスクバーの日本語入力モードがオフ A になっていることを確認します。

③アドレスバーに「bing.com」と入力します。

💡 ヒント

アドレスの入力

https://から始まるアドレスは、「https://」を省略して入力することができます。

④Enterキーを押します。

⑤目的のWebページが表示されます。

⑥タブにWebページのタイトル「Bing」が表示されます。

💡 ヒント **以前に入力したアドレスをすぐに入力するには**

アドレスバーに以前に入力したアドレスを再度入力すると、アドレスの最初の何文字かを入力した時点で、以前に入力したアドレスがリスト表示され、一致した文字列が青く強調表示されます。アドレスをクリックして選択するとWebページが表示されます。

操作 👉 キーワードでWebページを表示する

アドレスバーにキーワードを入力して検索し、目的のWebページを表示しましょう。
ここでは、「MSN」というキーワードで、「MSN Japan」のWebページを表示します。

①アドレスバーをクリックします。

②アドレスが反転表示されます。

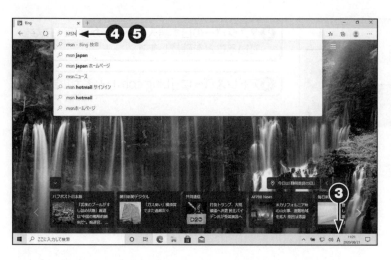

❸ タスクバーの日本語入力モードがオフ A になっていることを確認します。

❹ 「MSN」と入力します。

❺ Enterキーを押します。

💡 **ヒント**

複数のキーワードで検索するには

複数のキーワードのすべてに合致するWebページを検索する場合は、キーワードをスペースで区切って入力します。たとえば「箱根」と「温泉」の2つのキーワードの両方に合致するWebページを検索する場合は「箱根　温泉」と入力し、**Enter**キーを押します。

- -

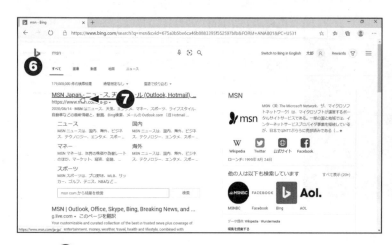

❻ 検索結果が表示されます。

❼ 「MSN Japan」をポイントし、マウスポインターの形が 🖑 になっていることを確認し、クリックします。

💡 **ヒント**

ハイパーリンク

マウスでポイントして、マウスポインターの形が 🖑 に変わる箇所には、ハイパーリンクが設定されています。クリックすると関連付けられている別のページが表示されます。ハイパーリンクについてはP.171の「ハイパーリンクの利用」で詳しく解説しています。

- -

❽ 「MSN Japan」のWebページが表示されます。

❾ タブにWebページのタイトル「MSN Japan」が表示されます。

アドレスバーの候補一覧から検索する

アドレスバーに数文字入力すると、検索候補の一覧が表示され、クリックしてWebページを開くことができます。

アドレスバーで使用する検索サイトを変更する

アドレスバーで使用する検索サイトの初期値は、マイクロソフトが提供する「Bing」です。これを別のサイトに変更することができます。アドレスバーの右端にある […] [設定など] ボタンをクリックして、[設定] をクリックします。[設定] 画面が表示されるので、左側の一覧から [プライバシー、検索、サービス] をクリックします。右側の画面の [サービス] の [アドレスバーと検索] の [>] をクリックします。[プライバシー、検索、サービス/アドレスバーと検索] 画面が表示されるので、[アドレスバーで使用する検索エンジン] の [Bing(推奨、既定値)] をクリックし、表示される検索サイトの一覧から選択します。

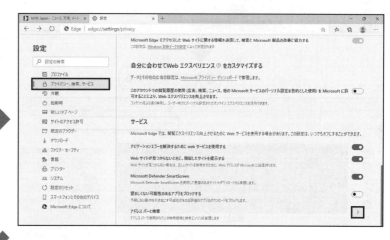

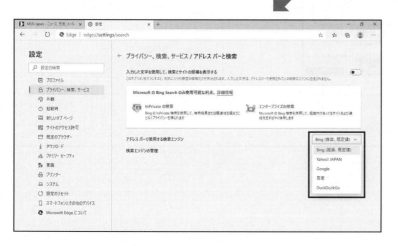

💡 ヒント　ページ内の検索

Microsoft Edgeでは、文字を指定してWebページ内の情報を検索することができます。文書量が多いWebページで特定の記事を探す場合に便利です。アドレスバーの右端にある ⋯ [設定など] ボタンをクリックして、[ページ内の検索] をクリックします。アドレスバーの下に検索用のボックスが表示されるので、文字を入力します。該当する箇所が見つかった場合はオレンジ色や黄色でマーカー表示されます。また、検索用のボックスの右の ⌄ [次へ] ボタンをクリックして順に検索結果を確認することができます。

❶文字を入力する

❷該当する箇所にマーカーが付く

ハイパーリンクの利用

　一般的なWebサイトは、1ページの中にすべての情報を表示しているのではなく、1つのページから複数の別のページに結び付けて、全体の情報を表示しています。これには、「ハイパーリンク」が使用されています。

　ハイパーリンクとは、情報を別の情報と結び付ける機能です。Webページ内のハイパーリンクが設定されている文字列や画像などをクリックすると、関連付けられている別のWebページが表示されます。

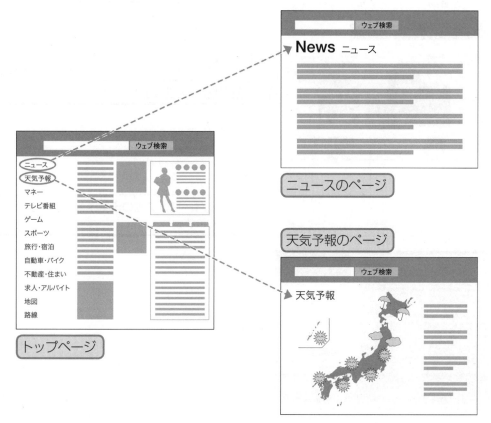

■ ハイパーリンクの見つけ方

　ハイパーリンクが設定された箇所は、文字列のときは下線が表示されたり、色が変わったりします。マウスでポイントすると、マウスポインターの形が 🖑 に変わり、画面左下にハイパーリンク先のURLがポップアップ表示されます。

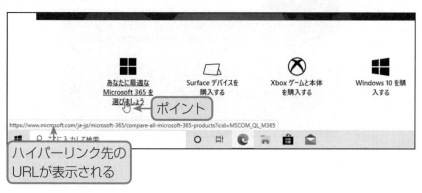

操作☞ ハイパーリンク先のWebページを表示する

ハイパーリンクをクリックし、ハイパーリンク先のWebページを表示しましょう。
ここでは「MSN Japan」ページ内の天気予報をクリックして、天気予報のページを表示します。

❶天気が表示されている部分をポイントし、マウスポインターの形が🖑に変化することを確認します。

❷画面の左下にリンク先のWebページのアドレスがポップアップ表示されていることを確認します。

❸クリックします。

❹ハイパーリンク先の天気予報のページが表示されます。

⭐ 参考 **画面を拡大/縮小するには**

Webページは拡大したり縮小したりして表示倍率を変更することができます。アドレスバーの右端にある □□ [設定など] ボタンをクリックして [ズーム] の ＋ または − をクリックするごとに一定の間隔で表示倍率を変更できます。

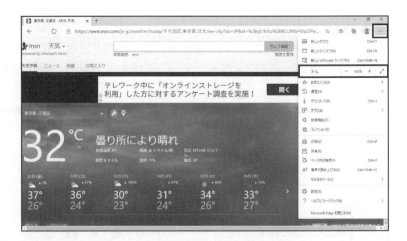

前に見たWebページの表示

[戻る] ボタンをクリックすると、現在表示しているWebページから直前に表示していたWebページに戻すことができます。[進む] ボタンをクリックすると1つ先に表示していたWebページに進むことができます。

....

操作 直前に見たWebページを表示する

....

[戻る] ボタンや [進む] ボタンを使って、直前に見ていたWebページを表示しましょう。
ここでは、天気予報のページと「MSN Japan」のトップページを移動します。

❶ [戻る] ボタンをクリックします。

❷直前に表示していた「MSN Japan」のトップページが表示されます。

💡 ヒント [戻る]ボタン/[進む]ボタンの履歴からWebページを表示する

← [戻る] ボタンや → [進む] ボタンを押したままにすると、以前見たWebページの履歴の一覧が表示されます。クリックするとそのページが表示されます。
なお、これらのボタンの履歴の一覧はMicrosoft Edgeを閉じると消去されます。

❸ [進む] ボタンをクリックします。

❹戻る前に表示されていた天気予報のページが
表示されます。

≫ 次の演習のために ← [戻る] ボタンをクリックし
て、「MSN Japan」のトップページを表示します。

💡 ヒント ハイパーリンクの設定されている文字列の色

ハイパーリンクの設定されている文字列をクリックして、ハイパーリンク先にジャンプした後に、再度そのWebページ
ジを表示すると、文字列の色が変わっていることがあります。これは、リンク先のWebページが閲覧済みであるとい
うことを示しています。

タブの利用

Microsoft Edgeでは、タブを増やすことによって、1つのウィンドウで複数のWebページを同時に開いている状態にすることができます。目的のWebページのタブをクリックするだけで簡単にWebページの表示を切り替えることができます。

操作👉 新しいタブにWebページを表示する

新しいタブに別のWebページを表示しましょう。
ここでは「日本マイクロソフト」のWebページを表示します。

❶ 「MSN Japan」の右側の［新しいタブ］ボタンをクリックします。

❷ ［新しいタブ］が表示されます。

❸ タスクバーの A をクリックするか、半角/全角キーを押します。

④日本語入力モードがオン あ になります。

⑤アドレスバーに「マイクロソフト」と入力し、Enterキーを押します。

⑥「マイクロソフト」というキーワードに合致するWebページの一覧が表示されます。

⑦「日本マイクロソフト-Official Home Page」をポイントし、マウスポインターの形が 🖑 になっていることを確認し、クリックします。

⑧「日本マイクロソフト」のWebページが表示されます。

⑨タブにWebページのタイトル「日本マイクロソフト」が表示されていることを確認します。

タブを切り替えましょう。
ここでは、「日本マイクロソフト」のWebページから、タブを切り替えて「MSN Japan」のWebページを表示します。

❶ [MSN Japan] のタブをクリックします。

❷ 「MSN Japan」のWebページが表示されます。

操作 リンク先のページを新しいタブに表示する

ハイパーリンクが設定されている箇所をCtrlキーを押しながらクリックすると、自動的に新しいタブが追加され、リンク先のWebページが表示されます。
ここでは、天気予報のページを新しいタブに表示しましょう。

❶天気が表示されている部分をポイントし、マウスポインターの形が 🖑 に変わったら、Ctrlキーを押しながらクリックします。

❷新しいタブが追加され、タブに「MSN天気」が表示されます。

❸[MSN天気]のタブをクリックします。

💡 ヒント

リンク先を新しいタブに表示する

ハイパーリンクが設定されている箇所を右クリックし、ショートカットメニューの[リンクを新しいタブで開く]をクリックしても、リンク先のページを新しいタブで開くことができます。

また、このショートカットメニューの[リンクを新しいウィンドウで開く]をクリックすると、Microsoft Edgeのウィンドウがもう1つ開き、そこにリンク先のWebページが表示されます。

❹天気予報のページが表示されます。

⭐ 参考

タブのWebページを別ウィンドウで表示するには

別ウィンドウに表示したいWebページのタブをタブ以外の場所にドラッグします。Microsoft Edgeのウィンドウがもう1つ開き、そこにドラッグしたタブのWebページが表示されます。

⭐ 参考 **リンク先や検索結果を新しいタブに表示する**

リンク先や検索結果が自動的に新しいタブに表示される仕様になっている場合もあります。「MSN Japan」のWebページの場合、[検索語句を入力]ボックスにキーワードを入力して**Enter**キーを押すと、検索結果が新しいタブに表示されます。また、一番上の[Outlook.com]、[Yahoo!メール]などをクリックするとリンク先のページが新しいタブに表示されます。

⭐ 参考 **現在のWebページを新しいタブで開くには**

現在表示しているWebページはそのままで、新しいタブに同じWebページを表示する場合は、タブを右クリックしてショートカットメニューの[タブを複製]をクリックします。

必要のないページのタブを閉じましょう。
ここでは、天気予報のページのタブを閉じます。

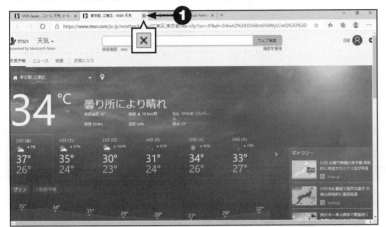

❶ [MSN天気] のタブの [タブを閉じる] ボタ
ンをクリックします。

❷天気予報のページのタブが閉じます。

履歴から表示

以前に表示したことがあるWebページを再び表示するには、履歴を利用すると便利です。URLを入力しなくても、過去に見たWebページの一覧から目的のページを選択して表示できます。[戻る] / [進む] ボタンでも、過去に見たページを表示できますが、Microsoft Edgeを一度閉じてしまうと、これらのボタンでは再表示できません。

操作👉 履歴からWebページを表示する

以前見たWebページの履歴から目的のページを表示しましょう。
ここでは最近見たWebページの履歴から、天気予報のページを表示します。

❶ [設定など] ボタンをクリックします。

❷ [履歴] をポイントします。

❸ [履歴の管理] をクリックします。

💡 ヒント
最近閉じた項目
[履歴] をポイントして、表示されたメニューの [最近閉じた項目] に目的のWebページがある場合は、クリックして開くことができます。

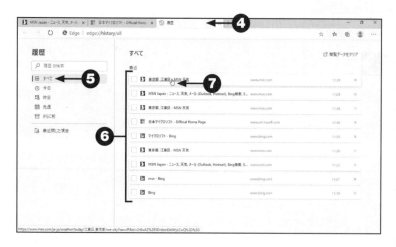

❹ [履歴] タブが表示されます。

❺ [履歴] 画面の左側の一覧の [すべて] が選択されていることを確認します。

❻ 右側の画面の [すべて] の [最近] の一覧に、閲覧したWebページの履歴が新しい順に表示されます。

❼ [MSN天気] をポイントし、マウスポインターの形が 🖑 になったらクリックします。

💡 ヒント
履歴の表示
[履歴] 画面の左側の一覧の [すべて] が選択されていると、右側の画面のWebページは、最近、今日、昨日、○年○月○日○曜日などに分けられて、日付順に表示されます。左側の [今日]、[昨日]、[先週]、[さらに前] をクリックすると、右側の画面のWebページが絞り込まれます。右側の画面にはWebページ名と表示した時刻が表示されているので、閲覧した時刻をたどりながら探すことができます。

❽天気予報のページが表示されます。

💡 ヒント　履歴の削除

閲覧した履歴を残したくないWebページは、[履歴] 画面のWebページ名の右端にある ×をクリックして削除することができます。また、画面右上の [履歴データをクリア] をクリックすると、[閲覧データをクリア] 画面が表示され、履歴をすべて削除することができます。P.202の❸～❽の手順を参照してください。

クリックすると [閲覧データをクリア] 画面が表示されます。

クリックすると履歴を削除できる

💡 ヒント　[新しいタブ] で履歴からWebページを表示する

Microsoft Edgeを起動して始めに表示される [新しいタブ] のWebページの上部には、以前に見たWebページがアイコンで表示されます。クリックするとそのページが表示されます。

よく見るWebページを登録するには

Microsoft Edgeには、よく見るWebページを［お気に入りバー］に登録したり、関連するWebページなどを［コレクション］にまとめて登録したりして、すばやく表示できる機能があります。
また、タスクバーのアイコンにWebページを登録すると、アイコンをクリックするだけで、Microsoft Edgeを起動して、Webページを表示できます。

［お気に入りバー］に登録

よく見るWebページを［お気に入りバー］に登録すると、［新しいタブ］のアドレスバーの下にWebページ名が表示され、クリックするとすぐにそのWebページが表示されます。

操作 ☞ Webページを［お気に入りバー］に登録する

よく見るWebページを［お気に入りバー］に登録しましょう。
ここでは「日本マイクロソフト」のWebページを登録します。

❶［日本マイクロソフト］のタブをクリックします。

❷「日本マイクロソフト」のWebページが表示されます。

❸ アドレスバーの右端にある［このページをお気に入りに追加］ボタンをクリックします。

❹［お気に入りが追加されました］が表示されます。

❺［名前］ボックスにWebページ名が表示されます。

❻［フォルダー］ボックスが［お気に入りバー］になっていることを確認します。

❼［完了］をクリックします。

💡 ヒント
登録するWebページの名前
お気に入りバーに登録するWebページの名前は、わかりやすい名前に変更できます。変更するには、［名前］ボックスのWebページ名が反転している状態で、新たな名前を上書き入力します。

❽アドレスバーの右端の［このページをお気に入りに追加］ボタンが、青色の［このページをお気に入りに追加して編集］ボタンに変わります。

操作👉 ［お気に入りバー］に登録したWebページを表示する

．．

［お気に入りバー］に登録したWebページを表示しましょう。
ここでは、いったんMicrosoft Edgeを終了し、再起動して、［お気に入りバー］から「日本マイクロソフト」のWebページを表示します。

❶閉じるボタンをクリックします。

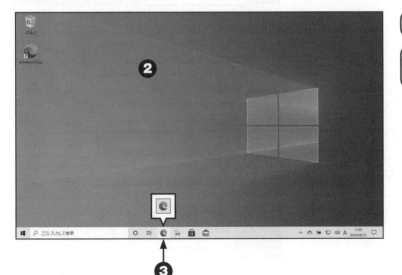

❷Microsoft Edgeが閉じます。

❸タスクバーの［Microsoft Edge］をクリックします。

④Microsoft Edgeが起動し、[新しいタブ] が表示されます。

⑤アドレスバーの下の [お気に入りバー] に [日本マイクロソフト] が表示されていることを確認して、クリックします。

💡 ヒント
[お気に入りバー] が表示されない場合
[お気に入りバー] が表示されない場合は、一番下のヒントを参考に表示の設定を変更します。

⑥「日本マイクロソフト」のWebページが表示されます。

💡 ヒント **[お気に入りバー]から削除するには**
[お気に入りバー] の削除したいWebページ名を右クリックし、ショートカットメニューの [削除] をクリックします。

💡 ヒント **[お気に入りバー] の表示**
[お気に入りバー] は、初期値（既定値）ではMicrosoft Edgeを起動したときや ＋ [新しいタブ] ボタンをクリックしたときに表示される [新しいタブ] のみに表示されます。どのタブにも常に表示されるようにするには、アドレスバーの右端にある ⋯ [設定など] ボタンをクリックして、[お気に入り]、[お気に入りバーの表示] の順にポイントし、[常に] をクリックします。

　[お気に入りバー] にたくさんのWebページを登録すると、探しづらくなります。分類別のフォルダーを作成してその中にまとめるとよいでしょう。

　[お気に入りバー] で右クリックし、ショートカットメニューの [フォルダーの追加] をクリックします。[新しいフォルダー] ウィンドウが表示されるので、[名前] ボックスにフォルダー名を入力し、[お気に入りバー] が選択されていることを確認して [保存] をクリックします。[お気に入りバー] にフォルダーが作成されるので、その中に登録したいWebページ名を [お気に入りバー] からドラッグしてフォルダーに重ね、移動します。フォルダーをクリックすると、Webページの一覧が表示され、クリックするとそのページが開きます。

なお、[お気に入りバー] のWebページ名やフォルダーをドラッグすると、位置を変更できます。

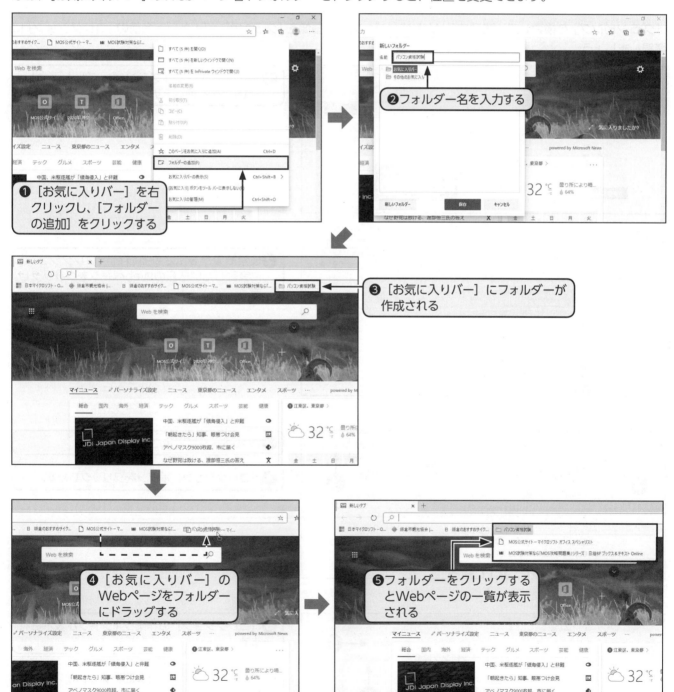

[コレクション] に登録

「コレクション」はMicrosoft Edgeの新機能です。コレクションに名前を付けて、その中にWebページ、Webページ内の文字や画像をまとめて保存することができます。

 操作 [コレクション] にWebページ、文字、画像を登録する

「グランピング」を検索して、関連するWebページ、文字、画像を「グランピング」という名前の [コレクション] に登録しましょう。

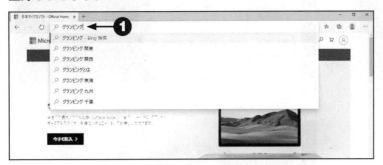

❶アドレスバーに「グランピング」と入力し、Enterキーを押します。

❷検索結果が表示されるので、[コレクション] に登録したい任意のWebページをクリックします。

❸Webページが表示されます。

❹ [コレクション] ボタンをクリックします。

❺ [コレクション] の作業ウィンドウが表示されます。

❻ [新しいコレクションを開始する] をクリックします。

❼ [新しいコレクション] ボックスが表示され、文字列が反転表示されます。

❽ 「グランピング」と上書き入力し、**Enter**キーを押します。

❾ [現在のページを追加] をクリックします。

❿ 現在表示されているWebページが登録され、サムネイル（縮小表示）が表示されます。

⓫ [戻る] ボタンをクリックします。

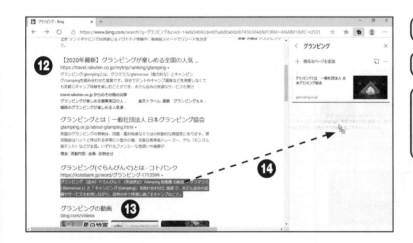

⓬ 検索結果の一覧に戻ります。

⓭ 任意の文字列をドラッグして選択します。

⓮ 選択範囲上をポイントし、[コレクション] の作業ウィンドウにドラッグします（作業ウィンドウ上では、マウスポインターの形は ⌖ になります）。

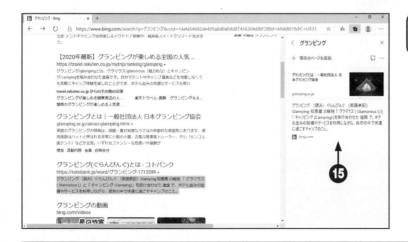

⓯ 選択した文字列が [コレクション] の作業ウィンドウに登録されます。

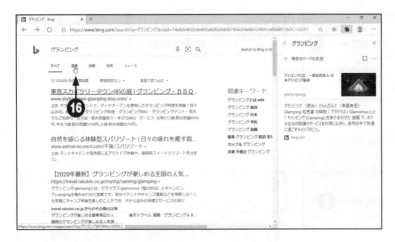

⓰ 検索結果の画面の上部の［画像］をクリックします。

💡 **ヒント**

画像の検索

検索結果の画面の上部の［画像］、［動画］、［地図］、［ニュース］をクリックすると、検索結果を指定した内容で絞り込むことができます。

⓱ 「グランピング」に関連する画像の一覧が表示されます。

⓲ 任意の画像を［コレクション］の作業ウィンドウにドラッグします。

⓳ 画像が［コレクション］の作業ウィンドウに登録されます。

[コレクション] に登録したWebページを表示しましょう。
ここでは、いったんMicrosoft Edgeを終了し、再起動して、[コレクション] の作業ウィンドウから、「グランピング」
に登録したWebページを表示します。

❶Microsoft Edgeの閉じるボタンをクリックします。

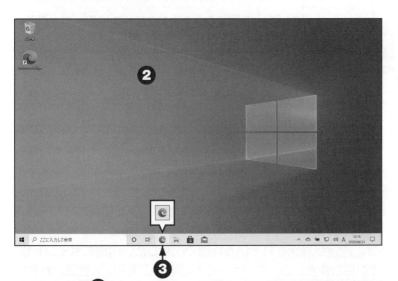

❷Microsoft Edgeが閉じます。

❸タスクバーの [Microsoft Edge] をクリックします。

❹Microsoft Edgeが起動し、[新しいタブ] が表示されます。

❺ [コレクション] ボタンをクリックします。

❻ ［コレクション］の作業ウィンドウが表示されます。

❼ 一覧に「グランピング」があることを確認し、［グランピング］の文字列またはいずれかのサムネイル（縮小表示）をクリックします。

❽ ［グランピング］に登録されている内容が展開されて表示されます。

❾ いずれかの内容をクリックします。

❿ Webページや検索結果の画面が表示されます。

» ✕ 閉じるボタンをクリックして、［コレクション］の作業ウィンドウを閉じます。

💡 ヒント

［コレクション］の表示の切り替えと削除

🔲 ［コレクション］ボタンをクリックして表示される［コレクション］の作業ウィンドウには、登録されているコレクションの一覧が表示されます。コレクション名またはコレクションの内容をクリックすると、内容が展開されて表示されます。コレクションの一覧に戻るには、コレクション名の左側の ⟨ ［戻る］ボタンをクリックします。

コレクションに登録した内容を個別に削除する場合は、内容が展開されている状態で削除したい内容をポイントし、右上に表示されるチェックボックスをクリックしてオンにします。コレクションごと削除する場合は、登録されているコレクションが一覧表示されている状態で、コレクション名をポイントして表示されるチェックボックスをクリックしてオンにします。どちらの場合も「○個が選択されました」と表示されるので、🗑 ［選択範囲の削除］ボタンをクリックします。

コレクションが一覧表示されている状態　　　　コレクションの内容が展開されている状態

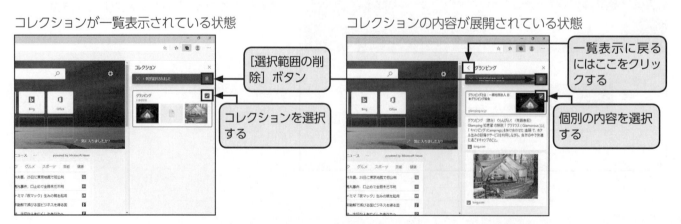

［選択範囲の削除］ボタン

コレクションを選択する

一覧表示に戻るにはここをクリックする

個別の内容を選択する

タスクバーに登録

Webページをタスクバーにピン留めすると、Webページのアイコンがタスクバーに表示されます。アイコンをクリックするだけで、Microsoft Edgeが起動し、そのWebページを表示することができます。

操作👉 Webページをタスクバーに登録する

「MSN Japan」のWebページをタスクバーにピン留めしましょう。

① 履歴の一覧から「MSN Japan」のWebページを表示します。

② [設定など] ボタンをクリックします。

③ [その他のツール] をポイントします。

④ [タスクバーにピン留めする] をクリックします。

⑤ [タスクバーにピン留めする] が表示されます。

⑥ Webページの名前を確認します。

⑦ [ピン留めする] をクリックします。

⑧ タスクバーにWebページのアイコンが表示されます。

Microsoft Edgeを終了し、タスクバーのアイコンから「MSN Japan」のWebページを表示しましょう。

❶閉じるボタンをクリックして、Microsoft Edgeのウィンドウを閉じます。

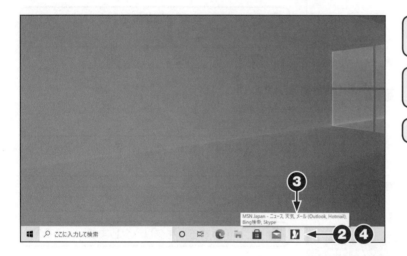

❷タスクバーのWebページのアイコンをポイントします。

❸ 「MSN Japan」とポップアップ表示されることを確認します。

❹アイコンをクリックします。

❺Microsoft Edgeが起動し、「MSN Japan」のWebページが表示されます。

💡 ヒント

タスクバーのアイコンを削除するには

タスクバーのアイコンを右クリックし、ショートカットメニューの[タスクバーからピン留めを外す]をクリックします。

★ 参考 　スタートページを設定する

Microsoft　Edgeの起動時に表示されるWebページを「スタートページ」といいます。頻繁に閲覧するWebページを
スタートページに登録しておくと便利です。

スタートページを設定するには、アドレスバーの右端にある … ［設定など］ボタンをクリックして、［設定］をクリック
します。［設定］画面が表示されるので、左側の一覧から［起動時］をクリックします。右側の画面の［起動時］の［特定
のページを開く］をクリックし、［新しいページを追加してください］をクリックします。［新しいページを追加してく
ださい］が表示されるので、［URLを入力してください］ボックスにスタートページにするWebページのアドレスを
「www」から正確に入力し、［追加］をクリックします。次回のMicrosoft　Edgeの起動時から、登録したWebページ
が表示されます。

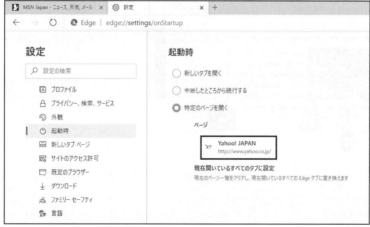

Webページを印刷するには

Webページは、必要に応じて印刷することができます。

印刷プレビューの確認

[印刷] 画面を表示すると、印刷のイメージが表示されます。これを「印刷プレビュー」といいます。印刷プレビューを確認して、必要なページを指定したり、印刷の向きなどの設定をします。

操作🖝 Webページの印刷プレビューを確認する

[印刷] 画面を表示して、Webページの印刷プレビューを確認しましょう。

❶ [設定など] ボタンをクリックします。

❷ [印刷] をクリックします。

❸ [印刷] 画面が表示されます。

❹ 右側の印刷プレビューを確認します。

[印刷] 画面の左側の項目で、部数やレイアウトなど印刷の詳細を設定したり、印刷を実行できます。

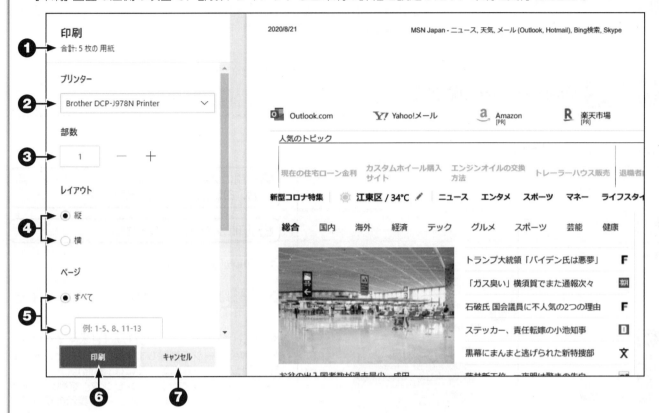

❶用紙の枚数

必要な用紙の枚数が表示されます。

❷[プリンター]

使用するプリンターを指定します。

❸[部数]

印刷する部数を指定します。右側の □＋ をクリックすると部数を増やせます。

❹[レイアウト]

用紙の向きを変更できます。

❺[ページ]

印刷範囲を設定します。

❻[印刷]

印刷を実行します。

❼[キャンセル]

印刷を実行せずに [印刷] 画面を閉じます。

💡 **ヒント**
その他の設定
　[印刷] 画面の下部には [カラー]、[両面印刷] があり、カラー /白黒印刷、両面印刷の指定ができます。一番下にある [その他の設定] をクリックすると、[用紙サイズ]、[拡大/縮小]、[余白] などさらに詳細な設定ができます。プリンターの機種によって設定できる内容は異なります。

印刷の実行

印刷プレビューを確認したら、印刷の詳細を設定して、印刷を実行します。

操作☞ Webページを印刷する

[印刷] 画面から印刷を実行しましょう。

❶印刷に必要な用紙の枚数、プリンター名、部数、印刷の向きなどを確認します。

❷ [印刷] をクリックします。

≫ 印刷が実行されます。

≫ × 閉じるボタンをクリックし、Microsoft Edge を終了します。

※ [お気に入りバー] に登録した「日本マイクロソフト」のWebページを削除します（P.184の「ヒント [お気に入りバー] から削除するには」参照）。
※ [コレクション] の [グランピング] を削除します（P.190の「ヒント [コレクション] の表示の切り替えと削除」参照）。
※ タスクバーに追加した「MSN Japan」のWebページのアイコンを削除します（P.192の「ヒント タスクバーのアイコンを削除するには」参照）。

💡 ヒント **一部のページだけを印刷するには**

初期値では表示されたとおりにすべてWebページの内容が印刷されます。Microsoft Edgeではページ単位で印刷範囲を指定できます。[印刷] 画面の [ページ] ボックスに印刷するページ番号を入力します。連続するページは「2-4」のように「-」（ハイフン）で指定し、離れたページは「1,3」のように「,」（カンマ）で区切って指定します。マウスでドラッグして選択した範囲だけを印刷することはできません。

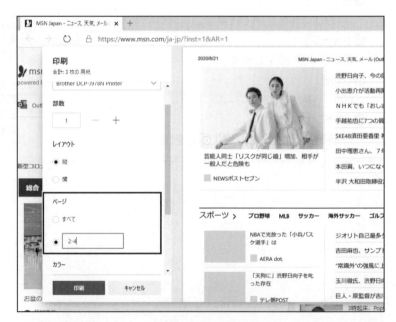

安全にWebページを見るには

インターネット上の情報は安全なものばかりとは限りません。中にはコンピューターに問題を引き起こすウイルスなどのソフトウェアを勝手に保存させたり、個人情報を盗みだそうとするなど悪意のあるWebページも存在します。安全にWebページを利用するために、Windows 10とMicrosoft Edgeには次のようなセキュリティ機能があります。

■ ウイルス対策

ウイルスとは、コンピューター内に侵入し、意味不明なメッセージを表示したり、勝手にデータを破壊したり、ウイルス付きの電子メールを送信したりなど、コンピューターに損害を与える悪質なプログラムのことです。ウイルスがコンピューター内に入り込んだ状態を「ウイルスに感染する」といいます。ウイルスの感染は電子メールによるものが多数ですが、悪意のあるWebサイトを閲覧したり、Webサイト内のデータをダウンロードすることで感染することもあります。Windows 10では、Webサイトを閲覧している際に、利用者が気付かないうちに有害なプログラムを自動実行しないようにするセキュリティ機能が有効になっています。

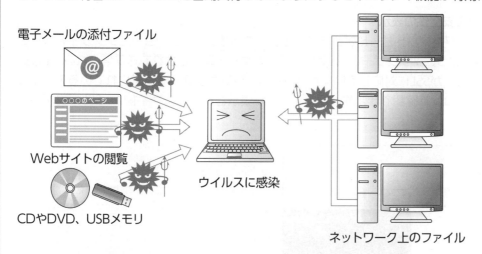

電子メールの添付ファイル

Webサイトの閲覧

CDやDVD、USBメモリ

ウイルスに感染

ネットワーク上のファイル

■ スパイウェア対策

スパイウェアは、ユーザーの行動や個人情報などを収集し、特定の宛先に送信するなどの活動を行なうソフトウェアのことです。Webページに公開されているアプリや、CDやDVDなどのメディアからアプリをインストールするときなどに、ユーザーが気付かないうちに一緒にインストールされ、コンピューター内に侵入します。Windows 10には、スパイウェア対策ツールが標準搭載されており、リアルタイムで監視し、スパイウェアの侵入を防ぎます。

■ Webページの閲覧履歴の削除

ネットカフェなどのような複数の人がコンピューターを利用する環境で、Webページの閲覧の履歴や入力したパスワードなどの個人データをそのままにしておくことは、個人情報を公開してしまうことになりかねません。Microsoft Edgeでは、インターネット使用時の閲覧内容や個人データの記録などをまとめて削除する機能があります。

■ フィッシング詐欺検出機能

フィッシング詐欺とは、金融機関などを装った電子メールのメッセージから、本物の金融機関などのWebサイトに似せた偽造サイトへアクセスをさせて、利用者IDやパスワードなどの個人情報を盗み取る犯罪です。Microsoft Edgeでは、フィッシング詐欺検出機能を使用して、悪質なフィッシング詐欺サイトから利用者を守ります。

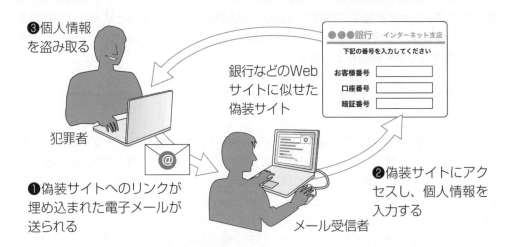

❸個人情報を盗み取る

犯罪者

銀行などのWebサイトに似せた偽装サイト

❶偽装サイトへのリンクが埋め込まれた電子メールが送られる

メール受信者

❷偽装サイトにアクセスし、個人情報を入力する

■ オンラインショッピングサイトの安全性の表示

Webサイトから商品を購入し、クレジットカードなどで代金を決済するオンラインショッピングサイトなどでは、個人情報が外部に漏れないよう、ブラウザーとWebページ間で情報が暗号化されて送受信されるSSL方式が利用されています。WebサイトがSSLに対応しているかどうかは、ワンボックスに表示されているアドレスの右側に表示される🔒鍵のアイコンで確認できます。鍵アイコンが表示されているサイトは、SSL方式が利用されている安全なサイトです。

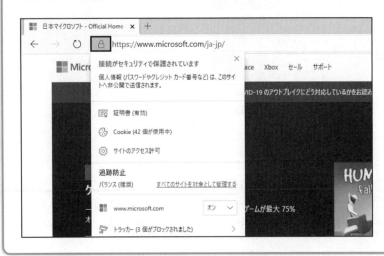

Windows 10のセキュリティ設定

Webサイトにはさまざまな表示効果や動作をするアドオンを使用しているページがあります。その中には、悪意のある者がアドオンにウイルスやスパイウェアなどを紛れ込ませている場合もあります。Windows 10では、有害なWebサイトからコンピューターを守るために、外部からの不正アクセスを防いだり、データダウンロード時やソフトウェア実行時に警告を表示したり、ウイルスやスパイウェアからPCを保護するなどのセキュリティ設定が有効になっています。

 用語 **アドオン**

アプリケーションソフトの標準の機能に、操作性を高めるために追加する機能のことです。アドイン、プラグインとも呼ばれます。

操作 Windows 10のセキュリティ設定を確認する

Windows 10のセキュリティ設定を確認し、「アプリとブラウザーコントロール」設定を確認して有効にしましょう。

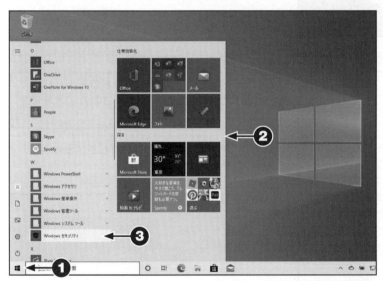

❶ [スタート] ボタンをクリックします。

❷ [スタート] メニューが表示されます。

❸ スクロールして「W」で始まるアプリの一覧から [Windows セキュリティ] をクリックします。

❹ [セキュリティの概要] 画面が表示されます。

❺ 最大化ボタンをクリックします。

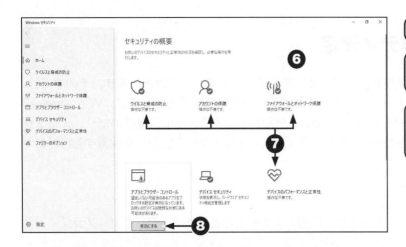

❻ ウィンドウが最大化されます。

❼ 各項目の下に「操作は不要です。」と表示されていることを確認します。

❽ [アプリとブラウザーコントロール]が無効になっている場合は[有効にする]ボタンをクリックします。

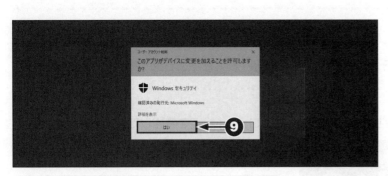

❾ 「このアプリがデバイスに変更を加えることを許可しますか?」と表示されるので、[はい]をクリックします。

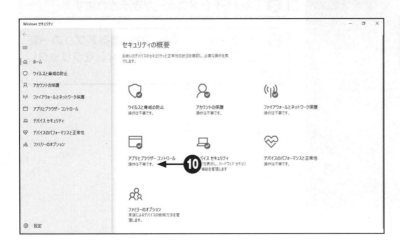

❿ [アプリとブラウザーコントロール]の下に「操作は不要です。」と表示されたことを確認します。

≫ ×閉じるボタンをクリックして、[セキュリティの概要]画面を閉じます。

💡 **ヒント**

Windows 10のセキュリティ項目

Windows 10の主なセキュリティ機能は下記の通りです。

項目名	内容
ウィルスと脅威の防止	ウィルスやスパイウェアからコンピューターを保護する
アカウントの保護	アカウントとサインインのセキュリティを設定する
ファイアウォールとネットワーク保護	インターネットやネットワークによる外部からの不正アクセスを防ぐ
アプリとブラウザーコントロール	安全でない可能性のあるアプリをブロックする
デバイスセキュリティ	悪意のあるソフトウェアによる攻撃からコンピューターを守る
デバイスのパフォーマンスと正常性	コンピューターの容量や動作などをチェックする
ファミリーのオプション	保護者による制限を設定する

★ 参考　Windows Update

マイクロソフトは、Windowsを最新の状態にするために、インターネット経由でさまざまはプログラムを提供しています。これを「Windows Update」といいます。アップデートは自動で行われる設定になっています。

設定を確認したり、手動で更新プログラムをチェックするには、タスクバーの [ここに入力して検索] ボックスに「Windows Update」と入力します。[最も一致する検索結果] に [Windows Updateの設定 システム設定] が表示されるのでクリックします。[更新とセキュリティ] 画面の [Windows Update] が表示され、Windowsの更新状態が確認できます。

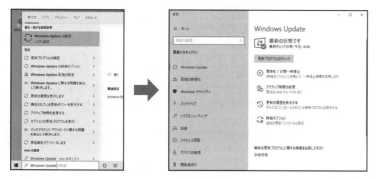

Microsoft Edgeのセキュリティ設定

Microsoft Edgeには、Webページからの追跡を防止する機能やWebページの表示の履歴や入力フォームに入力した個人情報など、Webページ利用時に保存された情報を削除する機能があります。

💡 ヒント　追跡とは

WebページやWebページに掲載されている広告主などが、「トラッカー」というプログラムを使用して、閲覧に関する情報を収集する機能です。これらの情報を利用して、サイトの改善やユーザーに合わせた広告の表示などが行われます。

操作👉 追跡防止設定を確認する

Microsoft Edgeの追跡防止設定を確認しましょう。

❶ Microsoft Edgeを起動します。

❷ [設定など] ボタンをクリックします。

❸ [設定] をクリックします。

❹ [設定] 画面が表示されるので、左側の一覧から [プライバシーとサービス] をクリックします。

❺ 右側の画面の [トラッキングの防止] の [追跡防止] が [バランス] になっていることを確認します。

💡 ヒント

追跡防止のレベル
追跡防止のレベルは初期値 (既定値) では「バランス」になっています。レベルを「厳重」にするとプライバシー保護が強固になりますが、Webページの広告や一部の内容が表示されなくなる可能性があります。各レベルの内容を確認し、目的に合わせて選択してください。

- - - - - - - - - - - - - - - - - -

操作👉 Webページの閲覧履歴を削除する

表示したWebページの履歴をすべて削除しましょう。

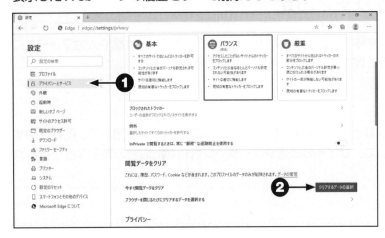

❶ [設定] 画面の左側の一覧の [プライバシーとサービス] が選択されていることを確認します。

❷ 右側の画面の [閲覧データをクリア] の [今すぐ閲覧データをクリア] の [クリアするデータの選択] ボタンをクリックします。

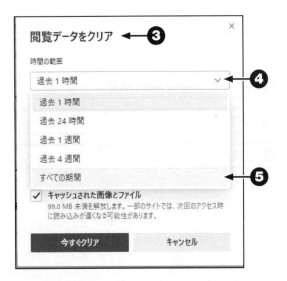

❸ [閲覧データをクリア] 画面が表示されます。

❹ [時間の範囲] ボックスをクリックします。

❺ 一覧から [すべての期間] をクリックします。

💡 ヒント

[履歴データをクリア] 画面の表示
この画面は、⋯ [設定など] ボタンをクリックし、[履歴] をポイントして、[履歴データをクリア] をクリックしても表示できます。

- - - - - - - - - - - - - - - - - -

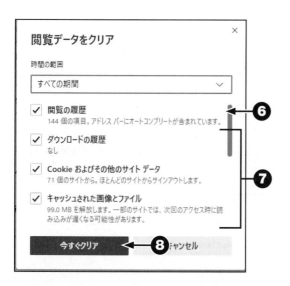

⑥ [閲覧の履歴] チェックボックスがオンになっていることを確認します。

⑦ その他の項目のチェックボックスは必要に応じてオンにします。

⑧ [今すぐクリア] をクリックします。

≫ 履歴の削除が終了します。

≫ ☒ 閉じるボタンをクリックして、Microsoft Edgeを閉じます。

💡 ヒント

[閲覧データをクリア]

[閲覧データをクリア] で削除できる項目の内容は下記のとおりです。

項目名	内容
閲覧の履歴	表示したWebページの一覧
ダウンロードの履歴	ダウンロードしたファイルの一覧
Cookieと保存済みのWebサイトデータ	閲覧したWebページのアクセス情報やアクセスパスワードなど
キャッシュされた画像とファイル	閲覧したWebページのコピー
パスワード	Webページに入力したパスワード
オートフィルフォームデータ (フォームやカードを含む)	Webページの検索欄や、入力フォームなどに入力したユーザー名、メールアドレスなどの入力履歴
サイトのアクセス許可	閲覧者の位置情報やAdobe Flashの動作などをWebページが求める場合の許可
ホストされたアプリのデータ	Webアプリによって保存された情報。Microsoft Storeからのデータも含まれる
以前のバージョンのMicrosoft Edgeデータのすべてのデータ	以前のバージョンのMicrosoft Edgeの履歴、お気に入り、パスワード、フォームへの入力情報など

ヒント Microsoft Edgeのその他のセキュリティ機能

■Microsoft Defender SmartScreen

Microsoft Edgeには、フィッシング詐欺サイトなどの悪意のあるサイトや不正なアプリのダウンロードから保護するMicrosoft Defender SmartScreenという機能があり、既定値で有効になっています。疑わしいサイトにアクセスしようとすると、警告を表示し、場合によってはアクセスやダウンロードをブロックします。

設定を確認するには、アドレスバーの右端にある … [設定など] ボタンをクリックし、[設定] をクリックします。[設定] 画面が表示されるので、左側の一覧から [プライバシー、検索、サービス] をクリックします。右側の画面の [サービス] の [Microsoft Defender SmartScreen] が [オン] になっていることを確認します。

既定値で有効になっている

■InPrivateウィンドウ

InPrivateウィンドウとは、履歴やパスワードなどの情報を保存することなくWebページを閲覧する機能です。アドレスバーの右端にある … [設定など] ボタンをクリックし、[新しいInPrivateウィンドウ] をクリックすると機能が開始します。新たにMicrosoft Edgeのウィンドウが開き、画面の色が黒くなり右上に青色で「InPrivate」と表示されます。

電子メールを利用するには

電子メールとは、インターネットや社内のネットワークを利用してコンピューターからコンピューターへやりとりされる手紙のことで、E-mailともいいます。

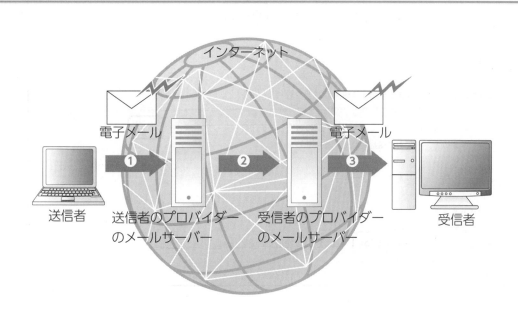

インターネット

電子メール　　　電子メール

送信者　　送信者のプロバイダー　受信者のプロバイダー　受信者
　　　　　のメールサーバー　　　のメールサーバー

電子メールを送るとまず自分のプロバイダーに届きます（❶）。次にインターネットを介して相手のプロバイダーに送られます（❷）。プロバイダーには電子メールの管理をするメールサーバーというコンピューターがあり、メールはこの中のユーザーごとに区分された私書箱のようなメールボックスに保管されます。相手がプロバイダーにアクセスし、自分のメールボックスから電子メールを受信することによって、相手にメールが届きます（❸）。

■電子メールの特長

電子メールには、次のような特長があります。
・世界中のどんなに遠く離れた人でも、すぐにメッセージを送ることができる。
・電話のように時間的な制約を受けないので、都合のよいときに電子メールを受信し、返事を書くことができる。
・複数の人に同時に同じメッセージを送ることができる。
・メッセージだけでなく、画像や音声などのデータを添付して送ることができる。
・コンピューター同士だけでなく、携帯電話やスマートフォン、タブレットなどにもメールを送ることができる。
・ブラウザーを利用したWebメールを使用すると、自分のコンピューターでなくてもインターネットに接続できる環境であればメールの送受信ができる。

■一般的なメールの書き方と注意事項

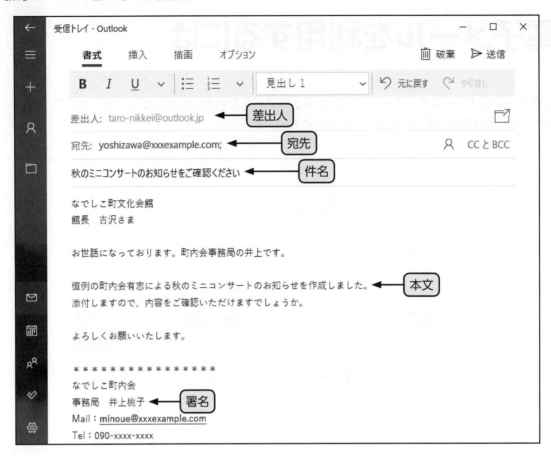

宛先
・送信先の電子メールアドレスを入力する。電子メールアドレスは、手紙にたとえると名前と住所にあたり、「@」(アットマーク) を区切りとしてユーザー名とドメイン名から構成される。

件名
・用件がすぐにわかるような具体的な件名にする。

本文
・冒頭に宛名を記入する。会社名や部署名がある場合は、2行に分ける。
・「お世話になっております」など簡単な挨拶をしてから、自分の名前を書く。
・本文の内容はできるだけ簡潔にまとめる。
・長文は、1行を30から35文字位までで改行する。
・半角カタカナや環境依存文字は使用しない。

署名
・メールの最終行に、自分の名前、連絡先などを記入する。毎回入力するのは手間なので、署名の機能を使う。

用語 ドメイン名
インターネットに接続しているコンピューターの住所を表したものです。組織名(プロバイダー名)、組織コード、国コードなどで構成されます。メールアドレスでは "@" の後に表示されます。

用語 環境依存文字
特定のコンピューターやOSでしか表示できない文字のことで、「機種依存文字」ともいいます。別の機種やOS環境で表示すると他の文字に置き換わって表示される場合があります。

Windows 10で電子メールを利用

電子メールを利用するには、Windows 10に付属している [メール] アプリを使用する方法とブラウザーで表示するWebメールを使用する方法があります。

■ [メール] アプリの起動

Windows 10に付属している [メール] アプリは、タスクバーの [メール] のアイコンをクリックして起動します。[アカウントの追加] 画面が表示されるので、Microsoftアカウントをクリックします。「すべて完了しました」と表示されたら、[完了] をクリックします。

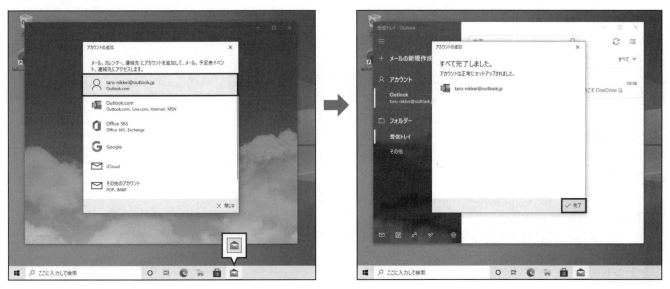

■ [メール] の画面

[メール] のウィンドウを最大化すると、下記のようになります。

❶ [メールの新規作成]

クリックすると、新規メールの作成画面が右側に表示されます。

❷ [アカウント]

クリックすると、[アカウントの管理] 画面が表示され、アカウントの追加や編集ができます。

❸ アカウント名

現在サインインしているアカウント名が表示されます。

❹ フォルダー一覧

電子メールが分類されているフォルダーを切り替えられます。初期値では [受信トレイ] が選択されています。[その他] をクリックすると、[送信トレイ]、[ごみ箱]、[下書き]、[迷惑メール]、[送信済] などのフォルダーに切り替えることができます。

❺ メッセージ一覧

選択されているフォルダー内の電子メールが一覧表示されます。

❻ プレビューウィンドウ

メッセージ一覧で選択した電子メールの内容が表示されます。

❼ [返信]

クリックすると、選択した電子メールに返信する画面が表示されます。

❽ [全員に返信]

クリックすると、選択した電子メールの宛先全員に返信する画面が表示されます。

❾ [転送]

クリックすると、選択した電子メールの別の宛先に転送する画面が表示されます。

❿ [削除]

クリックすると、選択しているメールが削除され、[ゴミ箱] フォルダーに移動します。

💡 **ヒント**

[メール] アプリの特徴

[メール] アプリは、Windows 10にMicrosoftアカウントでサインインしていれば、同じアカウントが自動的に設定されるので、すぐに使用することができます。POPメール (POPという通信規約を使用したプロバイダーのメール) にも対応しています。また、複数のアカウントの登録ができ、複数のメールアドレスを利用することもできます。

■ **Webメール**

Webメールは、ブラウザーを使用してメールを送受信します。インターネット上に保存されるメールなのでブラウザーでWebページを表示できる環境ならどこでも利用することができます。Webメールには、Outlook.comやGmail、Yahooメールなどがあります (2020年8月現在)。Webメールを利用するには、Microsoft Edgeを起動してWebメールのサイトのアドレスを入力し、Webメールのページを表示します。ここでは、Outlook.comを例に説明しています。Outlook.comの場合は、Microsoftアカウントで利用できます。アドレスバーに「www.outlook.com」と入力して表示します。

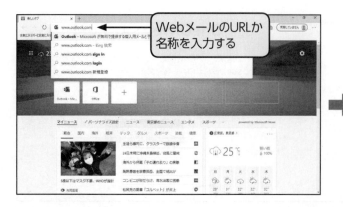

WebメールのURLか名称を入力する

この章の確認

- □ アドレスを入力してWebページを表示することができますか？
- □ キーワードを入力して検索し、目的のWebページを表示することができますか？
- □ ハイパーリンクのしくみと操作方法は理解できましたか？
- □ Webページの表示を戻したり、進めることはできますか？
- □ 新しいタブにWebページを表示できますか？
- □ 履歴を利用して以前に表示したことがあるWebページを再び表示できますか？
- □ Webページを「お気に入りバー」に登録することはできますか？
- □ 「お気に入りバー」の一覧からWebページを表示することはできますか？
- □ ［コレクション］にWebページ、文字、画像を登録することはできますか？
- □ ［コレクション］の一覧からWebページを表示することはできますか？
- □ Webページをタスクバーに登録することはできますか？
- □ 印刷プレビューを確認できますか？
- □ Webページを印刷できますか？
- □ Windows 10とMicrosoft Edgeのセキュリティ設定を確認できますか？
- □ 電子メールのしくみと特長を理解できましたか？

問題 5-1

Microsoft EdgeでWebページを表示しましょう。

1. Microsoft Edgeを起動しましょう。
2. アドレス「https://www.kantei.go.jp」を入力して、首相官邸のWebページを表示しましょう。
3. 新しいタブに、検索機能を使用して「警視庁」のWebページ（www.keishicho.metro.tokyo.jp）を表示しましょう。
4. 3で表示したページ内のハイパーリンク使って、「交通安全」のページを新しいタブに表示しましょう。
5. 「警視庁」の最初のページ以外のタブを閉じましょう。
6. Microsoft Edgeを終了しましょう。

問題 5-2

Microsoft EdgeやタスクバーにWebページを登録し、表示しましょう。

1. Microsoft Edgeを起動しましょう。
2. 履歴から、首相官邸のWebページを表示しましょう。
3. 首相官邸のWebページをタスクバーのアイコンに登録しましょう。
4. 趣味（スポーツ、旅行、グルメ、音楽など）のWebページを検索し、「趣味のページ」という名前を付けて、[お気に入りバー]に登録しましょう。
5. 「温泉」という名前のコレクションを作成し、温泉に関するWebページ、文字、画像を登録しましょう。
6. Microsoft Edgeを終了し、再び起動しましょう。
7. [お気に入りバー]から「趣味のページ」を表示しましょう。
8. 新しいタブを表示し、[コレクション]の「温泉」に登録してある内容のWebページを表示しましょう。
9. 8で表示したWebページの印刷プレビューを確認しましょう。確認後、[印刷]画面を閉じます。
10. Microsoft Edgeを終了しましょう。

問題 5-3

Microsoft Edgeのお気に入りバーとコレクションの内容やWebページの閲覧履歴を削除し、Microsoft EdgeとWindowsのセキュリティを確認しましょう。

1. タスクバーのアイコンから首相官邸のWebページを表示しましょう。
2. [新しいタブ]を表示し、[お気に入りバー]の「趣味のページ」を削除しましょう。
3. [コレクション]の「温泉」を削除しましょう。削除後、[コレクション]の作業ウィンドウを閉じます。
4. Microsoft Edgeの「設定」画面の[プライバシーとサービス]を表示し、追跡防止設定を確認しましょう。
5. Microsoft EdgeのWebページの過去24時間の閲覧の履歴を削除しましょう。
6. Microsoft Edgeを終了しましょう。
7. Windows 10のセキュリティの状態を[Windows セキュリティ]で確認しましょう。確認後、ウィンドウを閉じます。
8. タスクバーの「首相官邸」のWebページのアイコンを削除しましょう。

第6章

周辺機器の接続

■ USBメモリを利用するには
■ 写真を取り込むには

USBメモリを利用するには

コンピューターのデータを記憶する媒体を「メディア」といいます。コンピューター本体に内蔵されているハードディスクの他に、コンピューターに接続して使う「外部メディア」もあります。
ここではUSBメモリを例に、外部メディアの扱い方を学習します。

持ち運びに適した外部メディアには、次のようなものがあります。

■USBメモリ

コンピューターのUSBポート（接続口）に挿入して使う読み書き可能なメディアです。小型で持ち運びに適しています。コンピューターのUSBポートに接続すればすぐ使えるため、コンピューター間でのデータのやり取りに便利です。

■CD、DVD

レーザー光を利用して読み書きを行う光ディスクです。専用のドライブに挿入して使用します。主な種類は「-ROM」、「-R」、「-RW」です。「-R」は一度だけ、「-RW」は何度でも書き込みができます。ドライブがどのメディアに対応しているか確認してから使用しましょう。

■メモリーカード

SDカード、コンパクトフラッシュ、メモリースティックなどの薄くて小さいカード型のメディアで、読み書きが自由にできます。デジタルカメラ、スマートフォン、携帯音楽プレーヤーなどで使用されています。コンピューターで使用するときは、メモリーカードスロットやPCカードスロットに装着します。

USBメモリの使用方法

USBメモリやメモリーカードは、コンピューターに接続すると「USBドライブ」として、自動で認識され、次の操作を選ぶ画面が表示されます。［フォルダーを開いてファイルを表示］を選ぶとフォルダーウィンドウが表示され、コンピューター内のファイルと同様に扱うことができます。

操作 USBメモリを接続する

USBメモリを接続してみましょう。
※表示されるドライブ名やメッセージ、画面の内容はメディアやコンピューターの設定によって異なる場合があります。

❶コンピューターのUSBポート（接続口）に
USBメモリを接続します。

❷USBメモリが自動認識され、「USBドライブ
選択して、リムーバブルドライブに対して行
う操作を選んでください。」というメッセージ
がポップアップ表示されます。

❸メッセージをクリックします。

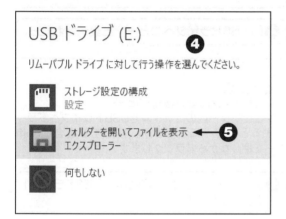

❹「リムーバブルドライブに対して行う操作を選
んでください。」という画面が表示されます。

❺［フォルダーを開いてファイルを表示］をク
リックします。

💡 ヒント
この画面が表示されない場合
同じコンピューターに一度接続したことがあるUSB
メモリの場合、前回接続時に❺の手順をしていると、
この画面は表示されずに、自動的に手順❻のフォル
ダーウィンドウが表示されることがあります。

❻［USBドライブ］のフォルダーウィンドウが表
示されます。

⭐ 参考　USBメモリが自動認識されないとき
USBメモリが自動認識されないときは、タスクバーの📁［エクスプローラー］をクリックしてフォルダーウィンドウを
表示し、ナビゲーションウィンドウの［USBドライブ］をクリックすると、［USBドライブ］のフォルダーウィンドウが
表示されます。

[ドキュメント] フォルダーのファイル「ミニコンサートのお知らせ」をUSBメモリにコピーしましょう。

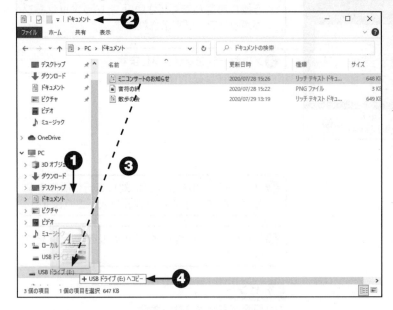

❶ ナビゲーションウィンドウの [PC] の下の [ドキュメント] をクリックします。

❷ [ドキュメント] のフォルダーウィンドウに切り替わります。

❸ [ミニコンサートのお知らせ] をナビゲーションウィンドウの [USBドライブ] にドラッグします。

❹ 「+USBドライブへコピー」と表示されたら、マウスのボタンから指を離します。

💡 ヒント

異なるドライブ間での移動/コピー
コンピューター内のファイルをUSBドライブへドラッグするとコピーになります。移動する場合は**Shift**キーを押しながらドラッグします。

❺ ナビゲーションウィンドウの [USBドライブ] をクリックします。

❻ [USBドライブ] のフォルダーウィンドウに切り替わります。

❼ [ミニコンサートのお知らせ] がコピーされたことを確認します。

❽ 閉じるボタンをクリックします。

≫ [USBドライブ] のフォルダーウィンドウが閉じます。

💡 ヒント **その他のコピー方法**

コンピューター内のファイルを右クリックし、ショートカットメニューの [送る] をポイントして、[USBドライブ] をクリックするとコピーが行われます。なお、ファイルやフォルダーの移動/コピーについては第3章の「ファイルやフォルダーの基本操作」を参照してください。

操作 👉 USBメモリを取り外す

. . . .

作業中にUSBメモリをコンピューターから抜くとデータが壊れる可能性があります。安全に取り出すためには次の操作をします。

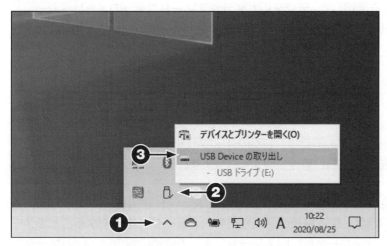

❶ 通知領域の ∧ [隠れているインジケーターを表示します] をクリックします。

❷ [ハードウェアを安全に取り外してメディアを取り出す] をクリックします。

❸ [USB Deviceの取り出し] をクリックします。

❹ 「ハードウェアの取り外し 'USB大容量記憶装置' はコンピューターから安全に取り外すことができます。」というメッセージが表示されます。

❺ コンピューターからUSBメモリを取り外します。

💡 ヒント USBメモリの取り外し

USBドライブのフォルダーウィンドウの [管理] の [ドライブツール] タブをクリックし、[メディア] の [取り出す] をクリックしても、手順❹のメッセージが表示され、安全に取り外すことができます。

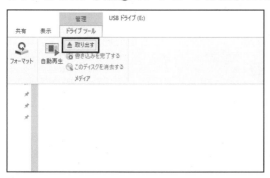

写真を取り込むには

Windows 10付属の［フォト］アプリを使用して、デジタルカメラやスマートフォンのメモリーカードの写真を取り込み、編集、保存、印刷する方法を学習します。

写真の取り込み

デジタルカメラやスマートフォンのメモリーカードの写真は、［フォト］アプリを使用してコンピューターに取り込むと、年月ごとのフォルダーに自動的に分類され、管理しやすくなります。

 ヒント　コンピューターとメモリーカードの接続

コンピューターにメモリーカードスロットがない場合は、USB接続のメモリーカードリーダーを接続することでメモリーカードを読み込むことができます。また、メモリーカードがないスマートフォンの機種の場合は、USBケーブルでコンピューターと接続します。

- -

....

操作 メモリーカードから写真を取り込む

....

［フォト］アプリを使用して、メモリーカードの写真をコンピューターに保存しましょう。
※表示されるドライブ名やメッセージ、画面の内容はメディアやコンピューターの設定によって異なる場合があります。

❶コンピューターのメモリーカードスロットにメモリーカードを装着します。

❷メモリーカードが自動認識され、「USBドライブ　選択して、メモリーカードに対して行う操作を選んでください。」というメッセージがポップアップ表示されます。

❸クリックせずにそのままにすると消えます。

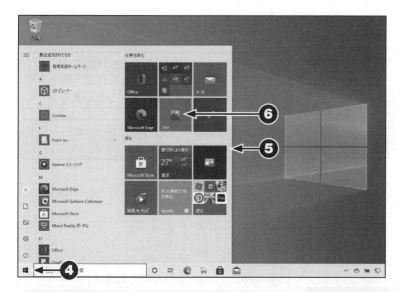

④[スタート] ボタンをクリックします。

⑤[スタート] メニューが表示されます。

⑥[フォト] のタイルをクリックします。

💡 ヒント

[フォト]のタイル

[フォト] のタイルには保存されている写真が表示されます。[スタート] メニューのタイルの一覧に [フォト] のタイルがない場合は、[スタート] メニューの「は」のアプリの一覧から [フォト] をクリックして、[フォト] アプリを起動します。

⑦[フォト] アプリが起動します。

⑧[フォトとは] 画面が表示された場合は、閉じるボタンをクリックします。

⑨[最大化] ボタンをクリックします。

⑩[インポート] をクリックします。

⑪[USBデバイスから] をクリックします。

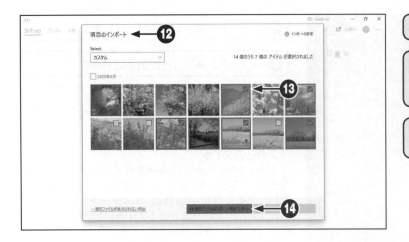

⑫[項目のインポート] 画面が表示されます。

⑬メモリーカード内のすべての写真のサムネイル（縮小表示）が表示されるので、取り込む写真のチェックボックスをオンにします。

⑭[○個のアイテムのうち○個をインポート] をクリックします。

⑮写真のインポートが開始されます。

⑯「インポートが完了しました」というメッセージが表示されます。

⑰「○個のアイテムがコレクションに追加されました」というメッセージが表示されます。

⑱[コレクション] に取り込んだ写真がサムネイル（縮小表示）で表示されます。

» ハードウェアの安全な取り外し操作（P.215の手順❶〜❺）を行い、メモリーカードを取り外しておきます。

写真の編集

[フォト] アプリには、切り出しや明るさの調整などの機能が用意されていて、簡単に写真を編集することができます。

[フォト] アプリの編集画面では、次のような編集が可能です。
■ トリミングと回転
写真の必要な部分だけを切り出したり、回転したりできます。

■ フィルター

写真の明るさや色調を一括で補正したり、フィルター効果を設定したりできます。

■ 調整

写真の明るさ、色、明瞭度などを個別に調整したり、ふちどりを付けたりできます。

操作 ☞ 写真を表示する

[フォト] アプリで取り込んだ写真を表示しましょう。

❶任意の写真のサムネイル（縮小表示）をクリックします。

❷写真が全画面で表示されます。

操作 ☞ 写真をトリミングする

写真をトリミングしましょう。

🔵 用語 トリミング

編集アプリを使って写真の一部分を切り出すことを「トリミング」といいます。

❶写真が全画面で表示された状態で、「トリミング」ボタンをクリックします。

💡 ヒント
編集画面の表示
この画面の [編集と作成] をクリックし、[編集] をクリックしても、次ページの編集画面が表示されます。

❷編集画面が表示されます。

❸[トリミングと回転] が選択されていることを
確認します。

❹写真にトリミングする範囲を示す枠と四隅に
○が表示されます。

❺四隅の○をポイントし、マウスポインターの
形が両方向矢印になったら、縮小したい方向
にドラッグします。

❻トリミングする範囲を示す枠が縮小されます。

❼マウスのボタンから指を離すと、枠が元の大
きさに戻り、トリミングする部分が拡大表示
されます。

操作 👉 写真の明るさを調整する

写真の明るさを調整しましょう。

❶編集画面が表示されている状態で、[調整] を
クリックします。

❷[調整] 作業ウィンドウが表示されます。

❸[ライト] の白い線を右方向にドラッグします。

❹写真が明るくなります。

❺[コピーを保存] をクリックします。

》 写真が保存されます。

💡 ヒント
コピーを保存

[コピーを保存] をクリックすると、元の写真のファ
イル名の後に「(2)」などの連番が付いたファイル名
で、元の写真と同じ場所に保存されます。元の写真
も残ります。
編集後の状態で写真を上書き保存する場合は、[コ
ピーを保存] の ∨ をクリックし、[保存] をクリック
します。

⑥写真が全画面表示に戻ります。

⑦ファイル名が「元のファイル名（2）」となっていることを確認します。

写真の印刷

［フォト］アプリで、印刷の向きや用紙サイズなどを指定して印刷することができます。

操作 写真を印刷する

写真を横向きでA4用紙に印刷しましょう。

❶印刷する写真が全画面で表示されている状態で、［印刷］をクリックします。

❷［印刷］ダイアログボックスが表示されます。

❸［プリンター］ボックスをクリックし、印刷に使用するプリンターを選択します。

❹［印刷の向き］ボックスが［横］になっていることを確認します。

❺［印刷部数］ボックスが［1］になっていることを確認します。

❻［用紙サイズ］ボックスが［A4］になっていることを確認します。

❼［印刷］をクリックします。

≫ 印刷が行われます。

💡 **ヒント**

［印刷］画面を閉じるには
印刷を行うと［印刷］画面は自動的に閉じます。印刷しないで［印刷］画面を閉じる場合は、［キャンセル］をクリックします。

写真の共有

[フォト] アプリの [共有] を使うと、写真を他の人にメールで送ることができます。

操作 👉 写真をメールで送信する

写真をメールで送信しましょう。

❶ 送信する写真が全画面で表示されている状態で、[共有] をクリックします。

❷ [共有] 画面が表示されます。

❸ [メール] をクリックします。

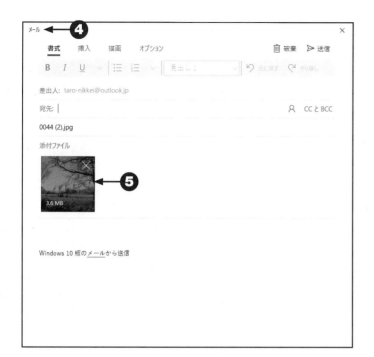

④ [メール] アプリのメッセージ作成ウィンドウ
が表示されます。

⑤ メッセージ作成ウィンドウの添付ファイルに選
択した写真が表示されていることを確認します。

≫ 宛先と本文を入力して [送信] をクリックします。

💡 ヒント
[メール] 画面を閉じるには
メールを送信すると [送信] 画面は自動的に閉じます。
送信しないで [メール] 画面を閉じる場合は、 × 閉
じるボタンをクリックします。

- - - - - - - - - - - - - - - - - - -

⑥ 閉じるボタンをクリックします。

≫ [フォト] アプリが閉じます。

写真の保存

[フォト] にインポートした写真は [ピクチャ] フォルダーに保存されていますが、OneDriveを利用すれば、自分のコンピューターだけなく、写真をインターネット上に保存し、別のコンピューターやスマートフォンなどでも閲覧することができます。

📖 **用 語** **OneDrive**

Microsoftのオンラインストレージサービスです。詳しくはP.79の参考「OneDriveについて」で解説しています。

💡 **ヒント** **スマートフォンでのOneDriveの利用**

スマートフォンにOneDriveアプリを入れておくと、スマートフォンからOneDriveに写真を保存したり、コンピューターからOneDriveに保存した写真を閲覧したりできるようになります。

操作👉 写真をOneDriveに保存する

[ピクチャ] フォルダーの写真をOneDriveの [画像] フォルダーに保存してみましょう。

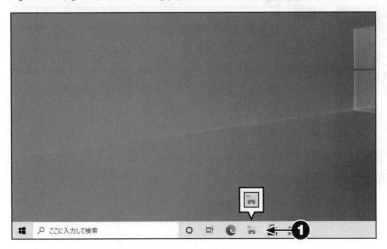

❶タスクバーの [エクスプローラー] をクリックします。

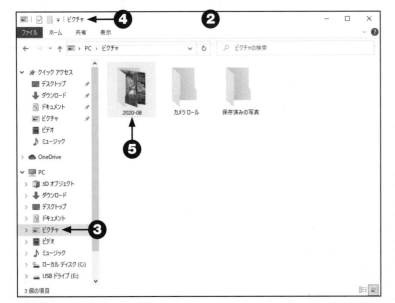

❷エクスプローラーが起動し、フォルダーウィンドウが表示されます。

❸ナビゲーションウィンドウの [PC] の下の [ピクチャ] をクリックします。

❹[ピクチャ] のフォルダーウィンドウに切り替わります。

❺ファイル一覧のOneDriveに保存する写真の含まれているフォルダーをダブルクリックします。

💡 **ヒント**

取り込んだ写真のフォルダー

[フォト] アプリで取り込んだ写真は、撮影日の「年-月」の名前の付いたフォルダーに保存されます。

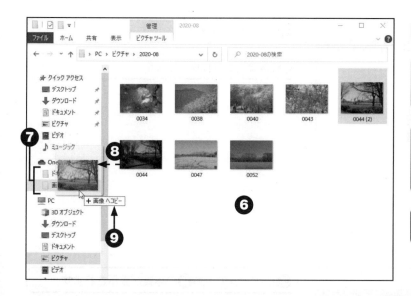

6 写真の一覧が表示されます。

7 ナビゲーションウィンドウの［OneDrive］の左側の ＞ をクリックして、サブフォルダーを表示します。

8 写真の一覧のOneDriveに保存する写真を、ナビゲーションウィンドウの［OneDrive］の下の［画像］に**Ctrl**キーを押しながらドラッグします。

9 「＋画像へコピー」とポップアップ表示されたら、マウスのボタンから指を離します。

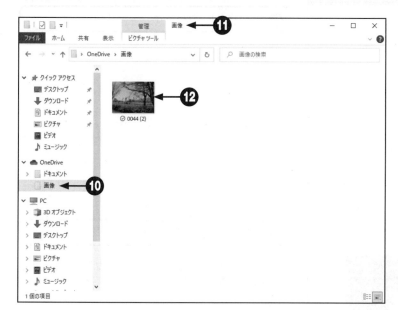

10 ナビゲーションウィンドウの［OneDrive］の下の［画像］をクリックします。

11 ［OneDrive］の［画像］のフォルダーウィンドウに切り替わります。

12 ファイル一覧に写真がコピーされていることを確認します。

≫ ×閉じるボタンをクリックして、フォルダーウィンドウを閉じます。

💡 **ヒント**

［フォト］アプリでのOneDriveの写真の表示
［フォト］の写真一覧には、OneDriveの［画像］フォルダーに保存した写真も表示されます。

操作👆 **WebブラウザーでOneDriveの写真を見る**

OneDriveの［画像］フォルダーの写真を、「MSN Japan」のWebページから見ましょう。

1 タスクバーの［Microsoft Edge］をクリックします。

2 Microsoft Edgeが起動します。

3 「MSN Japan」のWebページ（https://www.msn.com）を表示します。

4 ［OneDrive］をクリックします。

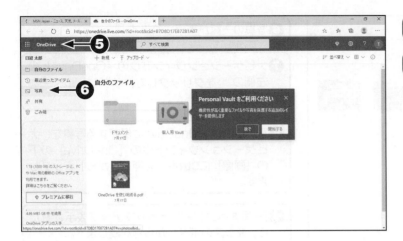

⑤OneDriveが表示されます。

⑥[写真] をクリックします。

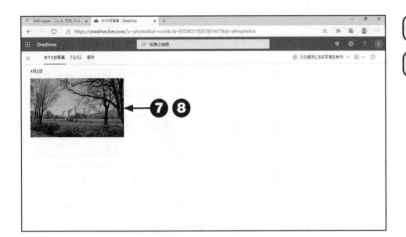

⑦前ページの手順⑫の写真が表示されます。

⑧写真をクリックします。

⑨写真が拡大表示されます。

≫ ｜×｜ 閉じるボタンをクリックしてMicrosoft Edgeを閉じます。

💡 ヒント **写真の共有、ダウンロード**

写真を拡大すると上部に [共有]、[アルバムに追加]、[スライドショーの再生]、[回転]、[ダウンロード]、[削除] などのメニューが表示されます。[共有] をクリックすると、この写真へのリンクを含んだメールを送信して他の人と写真を共有できます。[ダウンロード] をクリックすると、使用しているコンピューターの [ダウンロード] フォルダーに写真が保存されます。

この章の確認

- [ ] コンピューターにUSBメモリを接続できますか？
- [ ] コンピューターに保存されているファイルをUSBメモリにコピーできますか？
- [ ] USBメモリを安全に取り外せますか？
- [ ] ［フォト］アプリを使用して、メモリーカードの写真をコンピューターに取り込めますか？
- [ ] ［フォト］アプリを使用して、写真を表示できますか？
- [ ] ［フォト］アプリを使用して、写真のトリミングができますか？
- [ ] ［フォト］アプリを使用して、写真の明るさを調整できますか？
- [ ] ［フォト］アプリを使用して、写真を印刷できますか？
- [ ] ［フォト］アプリを使用して、写真をメールで送信できますか？
- [ ] 写真をOneDriveに保存できますか？

復習問題 問題 6-1

1. コンピューターにUSBメモリを接続しましょう。

2. ［ドキュメント］フォルダーのファイル「音符の絵」をUSBメモリにコピーしましょう。

3. USBメモリを安全に取り外しましょう。

4. ［フォト］アプリを使用して、メモリーカードの写真をコンピューターに取り込みましょう。

5. メモリーカードを安全に取り外しましょう。

6. ［フォト］アプリを使用して、任意の写真の一部分をトリミングしましょう。

7. ［フォト］アプリを使用して、取り込んだ任意の写真の明るさを調整しましょう。

8. ［フォト］アプリを使用して、任意の写真を印刷しましょう。

9. ［フォト］アプリを使用して、任意の写真をメールに添付して送信しましょう。

10. 任意の写真をOneDriveの［画像］フォルダーにコピーしましょう。

総合問題

本書で学んだ機能や操作方法が理解できたか総合問題で確認しましょう。

問題 1

Windows 10を起動して、次の操作をしましょう。

1. 「Windowsアクセサリ」のワードパッドを起動しましょう。

2. ワードパッドのウィンドウを最大化しましょう。

3. タスクビューを使用して、新しい仮想デスクトップを作成しましょう。

4. 新しいデスクトップに「Windowsアクセサリ」のペイントを起動しましょう。

5. ペイントのウィンドウをキャンバス（絵を描く白い部分）が見えるサイズに縮小して、画面の右側に移動しましょう。

6. Microsoft Edgeを起動しましょう。

7. 「Bing」（https://bing.com）のWebページを表示しましょう。

8. 「Bing」のWebページの検索ボックスを使用して、ぶどうの画像を検索しましょう。

💡 ヒント　**画像を検索するには**

「Bing」のWebページの検索ボックスにキーワードを入力し、アドレスバーの下の [画像] をクリックすると、Webページ上のキーワードに該当する画像が表示されます。

9. Microsoft Edgeのウィンドウのサイズを調整し、ペイントと重ならない位置に移動しましょう。

10. Microsoft Edgeに好きなぶどうの画像を表示し、それを参考にして、ペイントでぶどうの絵を描きましょう。

11. ファイル名を「ぶどうの絵」として、[PC] の [ピクチャ] フォルダーに保存しましょう。

■完成例

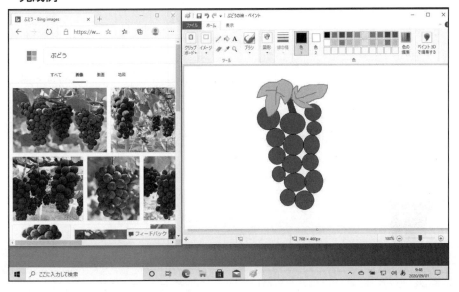

12.Microsoft Edgeとペイントを終了しましょう。

13.タスクビューを使用して、[デスクトップ2] とワードパッドを終了しましょう。

問題 2

1. ワードパッドを起動して、次の文書を入力しましょう。

> ～なでしこ町内会主催日帰り旅行～
> ぶどう狩りに行こう！！
> ●日　　時：１０月２４日（土）８時集合
> ●出発場所：なでしこ公園
> ●旅行場所：山梨県甲州市勝沼
> ●旅行代金：大人２０００円、子ども（小学生以下）１０００円

2. 文書全体のフォントサイズを「12pt」にしましょう。

3. 2行目の「ぶどう狩りに行こう！！」のフォントを「MSゴシック」、フォントサイズを「36pt」、色を「鮮やかな紫」にしましょう。

4. 「●旅行代金…」の下に1行追加し、[ピクチャ] フォルダーのファイル「ぶどうの絵」を挿入しましょう。

💡 ヒント　画像を挿入するには

第2章ではワードパッドからペイントを起動して絵を描きましたが、ここではすでに描いてある絵のファイルをワードパッドに挿入します。絵を挿入する位置にカーソルを移動し、[ホーム] タブの [挿入] の 📄 [画像] ボタンをクリックします。[画像の選択] ダイアログボックスが表示されるので、アドレスバーに「 ▶ PC ▶ ピクチャ」と表示されていることを確認し、ファイル一覧から目的のファイルを選択し、[開く] をクリックします。

5. ファイル名を「ぶどう狩りのお知らせ」として、[PC] の [ドキュメント] フォルダーに保存しましょう。

■完成例

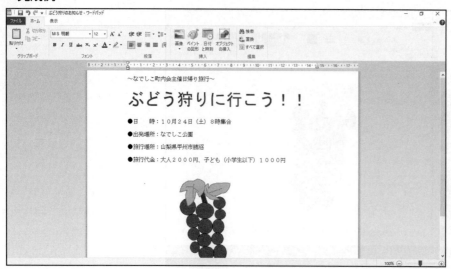

6. ワードパッドを終了しましょう。

問題3

新しいフォルダーを作成し、ファイルを整理しましょう。

1. エクスプローラーを起動しましょう。

2. デスクトップに［ドキュメント］フォルダーへのショートカットを作成しましょう。

3. ［ドキュメント］のフォルダーウィンドウを表示しましょう。

4. ファイルを大アイコンで表示しましょう。

5. プレビューウィンドウを表示し、ファイル「ぶどう狩りのお知らせ」の内容を確認しましょう。
   内容を確認したら、プレビューウィンドウを閉じましょう。

6. ［ドキュメント］フォルダーに、「ぶどう狩り」という名前の新しいフォルダーを作成しましょう。

7. ［ぶどう狩り］フォルダーに、ファイル「ぶどう狩りお知らせ」を移動しましょう。

8. ［ピクチャ］フォルダーのファイル「ぶどうの絵」を、［ドキュメント］フォルダー内の［ぶどう狩り］フォルダーにコピーしましょう。

9. ［ぶどう狩り］フォルダーを圧縮フォルダーにしましょう。

■完成例

💡 **ヒント** フォルダーの圧縮

フォルダーごと圧縮すると、展開したときに同じ名前のフォルダーが作成され、その中にファイルが表示されます。フォルダーが二重になるのを避けたい場合は、圧縮するときにフォルダーでなく目的のファイルを選択し、圧縮の操作を行います。

---

10. ファイルの表示形式を詳細表示に戻しましょう。

11. フォルダーウィンドウを閉じましょう。

問題 4

新しいユーザーアカウントを作成してサインインし、デスクトップの背景やウィンドウの色、[スタート] メニューに表示されるアプリ、サインインの方法を変更しましょう。

1. 4章P.145で追加し、削除したユーザーアカウントを再び追加しましょう。

2. 追加したユーザーアカウントでサインインしましょう。

3. セットアップの際にPINを作成しましょう。

4. デスクトップを任意の背景に変更しましょう。

5. ウィンドウの配色を任意の色に変更しましょう。

6. Peopleアプリを [スタート] メニューにピン留めしましょう。

7. Peopleアプリのタイルを「旅行用」という名前のグループにして、一番上に移動しましょう。

8. [旅行用] グループに、Microsoft Edgeのタイルを移動しましょう。

■完成例

9. サインインの際のPINを変更しましょう。

10. ロック画面を表示し、9で変更したPINでサインインしましょう。

11. デスクトップの背景を元の画像に、ウィンドウの配色を元の色（青）に戻しましょう。

12. ［スタート］メニューの［旅行用］グループのPeopleアプリのタイルを削除し、Microsoft Edgeのタイルを元の位置に戻しましょう。

13. サインアウトして、元のユーザーに戻りましょう。

14. 追加したユーザーアカウントを削除しましょう。

💡 **ヒント　Microsoft アカウントでの設定の同期**

Microsoft アカウントでサインインして設定した画面のデザインなどは、コンピューターからそのユーザーアカウントを削除しても、再び同じアカウントを追加してサインインすると、引き継がれます。
ここではこのアカウントを再び使用することを考慮して、ユーザーアカウントを削除する前に、画面のデザインを元に戻しておきます。

- -

問題 5

WebページをMicrosoft Edgeで表示し、［お気に入りバー］、［コレクション］、タスクバーに登録しましょう。

1. Microsoft Edgeを起動し、最大化しましょう。

2. 「日本経済新聞」（https://www.nikkei.com）のWebページを表示しましょう。

3. 「日本経済新聞」のWebページを［お気に入りバー］に登録しましょう。

4. 「ストレッチ」という名前のコレクションを作成し、「パソコン作業　ストレッチ」とういうキーワードで検索した任意のWebページ、文字、画像を登録しましょう。登録後、[コレクション] の作業ウィンドウを閉じます。

5. 自分の住んでいる地方自治体のWebページを検索して表示しましょう。

6. 地方自治体のWebページをタスクバーにピン留めしましょう。

7. 地方自治体の所在地の地図のページを表示しましょう。

8. [印刷] 画面で7で表示したページの印刷プレビューを確認しましょう。確認後、[印刷] 画面を閉じます。

完成例

9. Microsoft Edgeを終了しましょう。

10. 6で登録したタスクバーのアイコンから地方自治体のWebページを開きましょう。

11. [新しいタブ] を表示し、履歴から閲覧した地方自治体の所在地の地図のページを表示しましょう。

12. [新しいタブ] を表示し、[お気に入りバー] から「日本経済新聞」のWebページを表示しましょう。

13. [新しいタブ] を表示し、[コレクション] の「ストレッチ」に登録してある内容のWebページを表示しましょう。

14. [新しいタブ] を表示し、[お気に入りバー] から「日本経済新聞」のWebページを削除しましょう。

15. [コレクション] の「ストレッチ」を削除しましょう。

16. Microsoft EdgeのWebページの過去24時間の閲覧の履歴を削除しましょう。

17. Microsoft Edgeを終了しましょう。

18. タスクバーの地方自治体のWebページのアイコンを削除しましょう。

問題 6

ペイントで描いた絵を [フォト] アプリで表示し、編集しましょう。編集したファイルや圧縮フォルダーをUSB
に保存しましょう。

1. デスクトップの [ドキュメント] フォルダーへのショートカットを使用して、[ドキュメント] フォルダーの
   ウィンドウを表示しましょう。

2. コンピューターにUSBメモリーを接続しましょう。

3. [ドキュメント] フォルダーの圧縮フォルダー「ぶどう狩り」をUSBメモリーに移動しましょう。

4. [フォト] アプリを起動しましょう。

5. 問題1で描いたぶどうの絵を編集画面に表示しましょう。

6. ぶどうの絵をトリミングして、不要部分を削除しましょう。

7. 編集後、コピーを保存しましょう。

■完成例

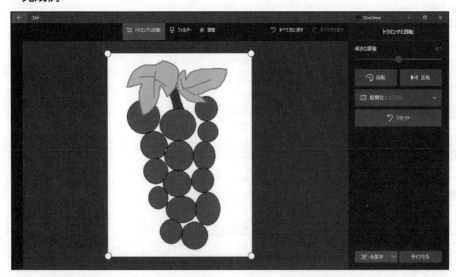

8. [フォト] アプリを終了しましょう。

9. [ピクチャ] フォルダーのウィンドウを表示し、ファイル「ぶどうの絵 (2)」が作成されていることを確認し
   ましょう。

10. USBメモリーに、[ピクチャ] フォルダーのファイル「ぶどうの絵 (2)」をコピーしましょう。

11.USBメモリーのフォルダーウィンドウを表示し、ファイル「ぶどうの絵（2）」と圧縮フォルダー「ぶどう狩り」が入っていることを確認しましょう。

12.プレビューウィンドウを表示し、ファイル「ぶどうの絵（2）」の内容を確認しましょう。

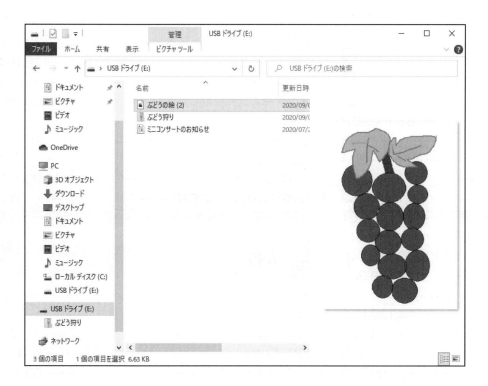

13.プレビューウィンドウを閉じましょう。

14.フォルダーウィンドウを閉じて、USBメモリーを安全に取り外しましょう。

※問題終了後にデスクトップの［ドキュメント］フォルダーへのショートカットおよび必要に応じて［ドキュメント］フォルダーと［ピクチャ］フォルダー、USBメモリーのファイルを削除し、ごみ箱を空にします。

索引

■ 本書についての最新情報、訂正、重要なお知らせについては、下記 Web ページを開き、書名もしくは
ISBN で検索してください。ISBN で検索する際は-（ハイフン）を抜いて入力してください。
　　　https://bookplus.nikkei.com/catalog/

■ 本書に掲載した内容についてのお問い合わせは、下記 Web ページのお問い合わせフォームからお送りくだ
さい。電話およびファクシミリによるご質問には一切応じておりません。なお、本書の範囲を超えるご質
問にはお答えできませんので、ご了承ください。ご質問の内容によっては、回答に日数を要する場合があ
ります。
　　　https://nkbp.jp/booksQA

Windows 10 セミナーテキスト　第 3 版

2020 年 9 月 30 日　第 3 版第 1 刷発行
2022 年 7 月 22 日　第 3 版第 2 刷発行

著　　　者：土岐 順子
発　行　者：村上 広樹
発　　　行：日経 BP
　　　　　　〒 105-8308　東京都港区虎ノ門 4-3-12
発　　　売：日経 BP マーケティング
　　　　　　〒 105-8308　東京都港区虎ノ門 4-3-12
装　　　丁：折原カズヒロ
DTP 制作：原　功
印　　　刷：大日本印刷株式会社

・本書に記載している会社名および製品名は、各社の商標または登録商標です。なお、本文中に ™、® マークは明記して
おりません。
・本書の例題または画面で使用している会社名、氏名、他のデータは、一部を除いてすべて架空のものです。